In der Schule ein neues Lied

Denkanstöße für christliche Lehrer

Stephen Kaufmann

ACSI Europa

2018

IN DER SCHULE EIN NEUES LIED
Denkanstöße für christliche Lehrer

Originaltitel: *Meditations for Teachers.*
                  Reflections for Christian Teachers About Their Work
Autor: Dr. Stephen Kaufmann

Gedruckt mit Erlaubnis von Stephen Kaufmann
© 2011 Stephen Kaufmann

Übersetzung: Wolfgang Reuter

Soweit nicht anders angegeben, wurden alle Bibelzitate in dieser Veröffentlichung der Schlachter-Bibel, Version 2000, neue revidierte Fassung (Genfer Bibelgesellschaft und Christliche Literatur-Verbreitung Bielefeld, 2003) entnommen. In einzelnen Fällen wurde aus der Neuen Genfer Übersetzung, Neues Testament, Psalmen und Sprüche (Genfer Bibelgesellschaft und Deutsche Bibelgesellschaft, 2015) oder der Neuen evangelistischen Übersetzung (Christliche Verlagsgesellschaft, Dillenburg, 2010) zitiert. Diese Zitate sind mit *NGÜ* bzw. *NeÜ* gekennzeichnet.

Herausgegeben von
Association of Christian Schools International
Europe Region
Regionalleiter: László Demeter

Óhuta u. 46, Budapest, 1182 Ungarn
ACSIEurope@acsi.org
Tel. +36 1 292-6246
Budapest, 2018

Layout und Gestaltung des Einbands: Noémi Demeter
ISBN: 978-615-5538-11-7

FotoGOLD Printing House
Budapest, Hungary
Director: Borvető Béla

Inhaltsverzeichnis

Einleitung

In der Schule ein neues Lied wurde als Begleitband geschrieben zu *Fundamente festigen! Grundlagen christlicher Bildung und Erziehung in der Schule.* Die „Denkanstöße" dieses Buches sind Andachten, die illustrieren, wie das grundlegende Konzept, das *Fundamente festigen!* vorstellt, umgesetzt werden kann. Was also in *Fundamente festigen!* als Theorie und perspektivischer Entwurf erscheint, erhält in diesen Andachten eine praktische, auf das Glaubensleben bezogene Ausrichtung.

In der Schule ein neues Lied kann als den Glauben stärkender Text auch allein stehen. Die sechzig Andachten gruppieren sich um die vier Themen Lehrer, Schüler, Unterrichtspraxis und Auftrag der Schule. Zusammengenommen eröffnen die fünfzehn Andachten zu jedem Thema eine Perspektive, wie christliche Lehrer die vier Bereiche für sich verstehen können.

Jede Andacht beginnt mit einem Bibelabschnitt, enthält eine Erzählung und endet mit einem Gebet, einem Zitat oder mit Liedversen. Dabei geht es darum, Hinweise zu geben, wie ein christlicher Lehrer mit dem Thema, das die jeweilige Andacht zur Sprache bringt, umgehen kann. Es wird nicht angestrebt, die Bedeutung des Bibelabschnitts, der die Andacht einleitet, voll auszuschöpfen. Vielmehr ist der Leser eingeladen, die Bibel zu benutzen, um die Themen zu beleuchten, die in den Andachten angesprochen werden.

Diese Andachten entspringen lebenslanger persönlicher Erfahrung als Schüler, Lehrer an der *High School*, Hochschulprofessor und Vater. So gesehen stellt jede Andacht einen Aspekt meiner eigenen Erfahrung vor, den ich durch die Linse der Bibel zu sehen versuche. Ich bete dafür, dass der Heilige Geist dieses Buch benutzt, um Fragen zu beantworten, die christliche Lehrer zu ihrer Arbeit haben.

Von Herzen danke ich Heidi Jean Kaufmann, die den ersten Entwurf für dieses Buch bearbeitet hat. Ihre sorgfältige Arbeit hat viel zu dem beigetragen, was in diesem Buch gut ist. Sollte es Mängel enthalten, sind sie mir zuzurechnen.

Meine Frau Mary hat viele dieser Erfahrungen entweder unmittelbar oder indirekt mit mir geteilt. Zeitweise hat sie mit mir zusammen unterrichtet. Zu anderen Zeiten hat sie mir weisen Rat gegeben oder einfach zugehört, wenn ich über die Ereignisse des Tages nachgedacht habe. Außerdem hat sie jede der Andachten gelesen und kommentiert. Ihr widme ich dieses Buch in tiefer Liebe und Achtung.

Stephen Kaufmann
Lookout Mountain, Georgia

Über den Auftrag einer Schule

Üblicherweise wird der Auftrag einer Schule in der Vorbereitung auf das Berufsleben gesehen, wenn der Schwerpunkt der Schule wirtschaftlich ist, oder im Erwerb klassischer Bildungsgüter, wenn der Schwerpunkt auf der Aneignung der Kultur liegt. Beides sind angemessene Ziele, sie sind aus der Perspektive einer christlichen Schule jedoch unvollständig.

Christliche Schulen sind sich bewusst, dass Gott es ihnen anvertraut hat, sich um die Welt, die er gemacht hat, zu kümmern. Deshalb wollen sie, dass ihre Schüler Kümmerer und Friedensstifter in dieser Welt sind. Schulen sind sich auch bewusst, dass ihre Bildungs- und Erziehungsarbeit in einer gefallenen Welt geschieht, und sie wollen, dass ihre Schüler wissen, in welch unterschiedlicher Weise sie zu dieser Welt Beziehungen haben können. Ihre Schüler sollen verstehen, dass sie eine doppelte „Staatsbürgerschaft" haben: Sie sind Bürger der Welt und Bürger des Himmels. Für beides rüstet die Schule sie aus, denn sowohl der Himmel als auch die Erde gehören dem HERRN.

Die Andachten in diesem ersten Teil versuchen, traditionelle Sichtweisen zum Auftrag einer Schule zu vertiefen, um Schülern zu dem Wissen, den Fähigkeiten und den Wertvorstellungen zu verhelfen, die ihnen erlauben, kritische Kenner der Welt zu sein, in der sie leben. Die Schule sendet ihre Schüler zu einer Mission aus, in der sie gefordert sind, Teile dieser Welt zurückzuweisen, andere anzunehmen und sich letztlich dafür einzusetzen, ihre Welt im Namen des Königs Jesus zu verändern. Christliche Schuler bringen ihren Schülern bei, dem HERRN durch ihr Leben ein „neues Lied" zu singen.

Ein sicherer Ort

Darum geht hinaus von ihnen und sondert euch ab, spricht der Herr, und rührt nichts Unreines an! Und ich will euch aufnehmen.
(2. Korinther 6,17)

Manchmal ist das Beste, was man tun kann, in die andere Richtung zu laufen, wie Josef es tat, um der amourösen Umklammerung von Potiphars Frau zu entkommen. Es bringt nichts, sich das mit der Sünde noch einmal zu überlegen – sag einfach Nein! Was ist die Entsprechung dazu, einfach Nein zu sagen, in einer christlichen Schule? Wie entscheidet eine Schule, was unterrichtet werden soll und was nicht? Schulen wollen einen sicheren Ort bereitstellen, damit ihre Schüler zu der Art von Leuten werden können, die der Herr gerne aufnimmt. Wie sieht ein sicherer Ort aus?

Der Apostel Paulus fordert die Gläubigen auf, hinauszugehen, sich zu trennen und nichts Unreines anzufassen. Wir werden hier ganz klar davor gewarnt, uns in dem nutzlosen und bösen Treiben zu verstricken, das unsere sündige Gesellschaft durchdringt. Die schwierige Frage, die christliche Schulen beantworten müssen, ist, ob die Beschäftigung mit den bösen Praktiken der Welt sich über Paulus' Warnung hinwegsetzt. Zum Beispiel: Sollen die Gefahren sexueller Beziehungen unter Teenagern mit allen Erklärungen und Beschreibungen, die dazugehören, im Unterricht besprochen werden? Sollen Schüler literarische Werke ungläubiger Autoren lesen, wenn diese Bücher möglicherweise anstößige Inhalte enthalten?

Johannes Calvin hilft uns hier weiter. Er zeigt, dass Christen in der Welt bleiben können, ohne zu ihr zu gehören. Wir sind „erlöst und gerettet von den Verunreinigungen dieser Welt", erklärt er, „deshalb müssen wir nicht aus dem Leben hinausgehen, um alle Unreinheit hinter uns zu lassen, sondern wir müssen einfach vermeiden mitzumachen." Christliche Schulen sind von großem Segen für Schüler, wenn sie sichere Orte zum Lernen schaffen, ohne ihre Schüler dahin zu führen, „aus dem Leben hinauszugehen."

An einem sicheren Ort sollten Schüler darauf vertrauen können, dass ihre Lehrer nicht falsche Ideen als wahr vorstellen. Jesus benutzt eine sehr klare Sprache, wenn er davor warnt, Kinder zu Fall zu bringen: „Für den wäre es besser, er würde mit einem Mühlstein um den Hals ins Meer geworfen, als dass er einen dieser Geringgeachteten hier zu Fall bringt."

(Lukas 17,2; NeÜ). Täuschung und Übergriffe haben keinen Platz in einer christlichen Schule. Vor diesen Dingen muss man weglaufen!

Zu diesem Schaffen eines sicheren Ortes in der Schule gehört es, die Ideen von Nichtchristen verantwortungsvoll zu behandeln. Warum ist das so? Soweit diese Ideen wahr sind, sollten sie auch so vorgestellt und mit Dankbarkeit aufgenommen werden. Denn jede Wahrheit ist Gottes Wahrheit. Ideen, die falsch sind, müssen verstanden werden, und ihr Einfluss auf die Gesellschaft muss untersucht werden. Eine wirksame Antwort auf falsche Ideen setzt voraus, dass sie vorher ernsthaft analysiert werden. Schüler, die so ausgerüstet sind, um in einer säkularen Welt zu leben, sind sicherer, weil sie in einer christlichen Schule vorbereitet wurden. Sie wissen, wie sie in der Welt leben können, ohne ein Teil von ihr zu werden.

Es ist nicht die Sünde, die Musik macht,
aber es ist die Sünde, die unsere Lieder mit Eitelkeit und Begierde füllt.
Es ist nicht die Sünde, die uns Städte und Türme bauen lässt,
aber es ist die Sünde, die diese Türme zu Symbolen von Stolz
und Macht werden lässt.
Es ist nicht die Sünde, die Menschen aufruft zu leben und zu lieben,
Musik zu machen und Kunstwerke zu schaffen, zu arbeiten und schöpferisch
zu wirken, zu pflanzen und zu ernten, zu spielen und zu tanzen.
Aber es ist die Sünde, die alles untergräbt und verdreht.

(Paul Marshall)

O Herr, hilf uns, unsere Klassenräume zu sicheren Orten zu machen, wo Schüler leben und arbeiten können, ohne dass die Sünde es untergräbt. Hilf ihnen, Nein zur Sünde zu sagen, ohne aus dem Leben hinauszugehen. In Jesu Namen. Amen.

Im Einklang mit der Kultur

Dem HERRN gehört die Erde und was sie erfüllt, der Erdkreis und seine
Bewohner; denn Er hat ihn gegründet über den Meeren
und befestigt über den Strömen.
(Psalm 24,1-2)

Einige Christen betonen, wie wichtig es sei, sich eng mit der allgemeinen Kultur zu identifizieren. Für sie finden sich die christlichen Merkmale in der Kirche und zu Hause, in anderen Lebensbereichen suchen sie jedoch nach einer gemeinsamen Grundlage mit Ungläubigen. Sie „befürworten die Teilhabe an den Strukturen des Lebens, die entweder dadurch geschieht, dass Kompromisse mit der Kultur eingegangen werden oder dass sie die Spannung innerhalb einer Kultur anerkennen", erklärt der Theologe Robert Webber. Und so betonen auch einige Vertreter christlicher Schulen, die Schule solle ein Ort sein, der sich mit den besten Eigenschaften der säkularen Kultur identifiziere.

Einiges spricht für diese Sicht, vorausgesetzt, man achtet genügend darauf, wie der Sündenfall Leben verzerrt und einschränkt. Christen würden sich doch nicht mit sündigen Praktiken einer Kultur eins machen wollen. Einige christliche Schulen folgen jedoch so sehr den Bildungsnormen der Gesellschaft, dass sie bloß einen dünnen christlichen Anstrich auftragen. Diese Schulen führen Gottesdienste und freiwillige Andachten durch, aber darüber hinaus verstehen sie Schule so, dass sie den Erwartungen des allgemeinen Bildungssystems entsprechen sollte. Solche Schulen entlassen am Ende oft unentschiedene Schüler, die zwar zum Gottesdienst gehen, aber ansonsten an den Werten der materialistischen Kultur teilhaben, in der sie leben. Ihnen fehlt eine christliche Sicht der Dinge.

Viele christliche Lehrer, die die Gefahr erkennen, der säkularen Kultur zum Opfer zu fallen, argumentieren, dass die besten Eigenschaften dieser Gesellschaft es wert seien, dass man sich mit ihnen befasse, weil sie in Wirklichkeit überhaupt nicht säkular seien. Es gibt vieles, womit wir uns identifizieren können, sagen sie. Die Erde gehört dem Herrn und alles, was auf ihr ist, wie der Psalmist verkündet. Martin Luther stimmt zu und fügt hinzu, dass Gott die Erde als Lehrerin eingesetzt hat: „Du hast so viele Prediger zur

Verfügung, wie es Tätigkeiten, Waren, Werkzeuge und andere Gegenstände in deinem Haus gibt."

Es gibt vieles in der Schöpfung und auch in dem, wie die Menschheit sie entwickelt hat, worüber wir uns freuen und das wir genießen können: einen Junitag, ein Liebesgedicht, zwei Kugeln Schokoladeneis. Schüler können sich mit Literatur, Mathematik und Naturwissenschaften befassen und Gott für die vielfältigen Arten danken, in denen die Menschheit etwas aus den Möglichkeiten gemacht hat, die die Schöpfung bietet. Wir können Gott sogar für die berechtigten Einsichten Ungläubiger danken. Gott hat ihnen seine Gnade erwiesen, damit sie in der Welt arbeiten können, und wir können dankbar sein für ihre Beiträge zu unserem Leben. Während diese Erzeugnisse der Kultur noch nicht die endgültige Wirklichkeit sind, können Christi Nachfolger durch sie hindurch einen Blick werfen auf den Tag, an dem Jesus wiederkommt und alle Dinge neu macht. Durch die Angelegenheiten unseres Alltags schimmert eine künftige Herrlichkeit.

Weil sie Menschen sind, sehnen sich Schüler nach etwas, das über sie selbst hinausweist, und christliche Schulen in Bestform sind Orte, an denen eine solche Sehnsucht genährt wird. Dort lesen Schüler Biographien mutiger Männer und Frauen, und sie wünschen sich, auch solchen Mut zu haben. Eine sorgfältige Beschäftigung mit akademischen Fächern, sagt Cornelius Plantinga, kann echte Sehnsucht wecken: „Bildende Kunst, Musik, Theater, Landschaften, Lyrik und Freundschaften", erklärt er, „können in einem Menschen das Verlangen nach völliger Güte wecken und letztlich nach dem Einen, der die überfließende Quelle dieser Güte ist."

Wer sich nach etwas sehnt, kann auch hoffen. Die Erde gehört dem Herrn, und eines Tages wird er einen neuen Himmel und eine neue Erde schaffen. Dann werden wir das, was wir jetzt nur teilweise sehen, ganz erkennen, so wie wir ganz erkannt worden sind.

Herr, reinige unsere Augen, damit wir sehen:
im Samenkorn einen Baum, im schimmernden Ei einen Vogel,
in der Hülle einen Schmetterling, bis wir, so belehrt, hinter allen Geschöpfen
dich sehen und deinem liebevollen Wort lauschen und es hören:
„Hab keine Angst, ich bin's."

(Christina Rossetti)

Ein gefährlicher Ort

Lasst nur das Recht wie Wasser fließen, die Gerechtigkeit
wie einen immer fließenden Bach.
(Amos 5,24; NeÜ)
Auch zündet niemand eine Lampe an und stellt sie dann unter ein Gefäß.
Im Gegenteil: Man stellt sie auf den Lampenständer, damit sie allen im Haus
Licht gibt. So soll auch euer Licht vor den Menschen leuchten: Sie sollen eure
guten Werke sehen und euren Vater im Himmel preisen.
(Matthäus 5,15-16; NGÜ)

Vor einigen Jahren startete eine christliche Schule eine Arbeitsgemeinschaft „Für das Leben". Es ging darum, ein Bewusstsein für die Ungerechtigkeit von Abtreibung zu schaffen und Wege zu diskutieren, wie Strategien zur Vermeidung von Abtreibungen unterstützt werden könnten. Mehrere der Schüler in der Arbeitsgemeinschaft waren so aufgebracht über die Ungerechtigkeit, den Fötus zu töten, dass sie gegen diese Praxis protestieren wollten. Sie beschlossen, sich an die Eingangstür der Abtreibungsklinik zu ketten, und hofften, dadurch dem Abtreibungsarzt und seiner Klinik zu unliebsamer öffentlicher Aufmerksamkeit zu verhelfen.

Dieser Plan sprach sich bald herum, und Eltern riefen den Schulleiter an, um dagegen zu protestieren. Ein Elternteil sagte: „Ich habe gedacht, ich hätte mein Kind an einen sicheren Ort geschickt. Was bringen Sie unseren Schülern bei, dass sie solche Risiken auf sich nehmen?" Angesichts steigenden Drucks beschlossen die Teilnehmer der Arbeitsgemeinschaft, ihren Plan nicht durchzuführen, und bald war die übliche Routine im Schulleben wieder eingekehrt.

Gegen Ende des Jahres sagte der Schulleiter einem Mitglied des Schulvorstands: „Erinnerst du dich an den Vorfall mit der Abtreibungsklinik? Das war für mich mit Abstand die härteste Woche des Jahres. Die Eltern waren aufgebracht und die Schüler abgelenkt." Das Vorstandsmitglied stimmte zu, fügte aber an: „Ich weiß, es war eine harte Zeit, aber überleg mal, vielleicht war es auch eine wichtige Zeit. Was immer wir über ihren Eifer denken – jedenfalls waren diesen Schülern andere Menschen wichtig, und sie waren bereit, das auch zu zeigen. Vielleicht sollten wir sie für ihre gute Absicht loben, statt sie dafür zu tadeln, dass sie so ein Risiko eingehen wollten."

Über den Auftrag einer Schule

Die Geschichte mit der Abtreibungsklinik wirft eine wichtige Frage für christliche Schulen auf: Sollten Schüler neben Lesen, Schreiben und Rechnen auch lernen, im Namen einer guten Sache aktiv zu werden? Die christliche Perspektive der Schule sollte Schülern eine Grundlage geben, nicht nur über Probleme in ihrer Welt nachzudenken, sondern auch etwas zu ihrer Lösung zu unternehmen. Und indem sie sich engagieren, sehen Schüler das Problem auf eine neue, tiefere Weise. Sie werden zu nachdenklicheren Christen.

Es ist nicht leicht, mit solchen Anliegen umzugehen. Es bedarf einer urteilsfähigen Schulleitung und Lehrerschaft, um zu erkennen, wann und wie das Schulprogramm so aufgebaut werden kann, dass es sowohl sicher ist als auch Risiken zulässt. Der Ruf des Propheten Amos nach Gerechtigkeit zeigt, dass es einen Platz für Einsatz gibt. Ein reißender Fluss räumt alle Hindernisse auf seinem Weg fort. Genauso bedeuten die Worte von Amos mehr, als Gerechtigkeit bloß zu studieren. Sie rufen zur Tat auf: Lasst das Recht wie Wasser fließen!

Christliche Schulen, die Schülern Gelegenheit geben, sich im Dienst für andere einzusetzen, haben die enge Verbindung erkannt, die zwischen dem Studium von Gerechtigkeit und Barmherzigkeit einerseits und einem gerechten und barmherzigen Leben andererseits besteht. Manchmal ist es das Risiko wert, die Gerechtigkeitslücke zu schließen. Schüler, die in der Schule lernen, ältere Menschen zu besuchen, sich um Hilflose zu kümmern oder Abfall einzusammeln, sind fähig, in der Welt als Lichter für Jesus zu leben. Andere werden ihre guten Taten sehen und unseren Vater im Himmel preisen.

O Herr, hilf uns, unsere Schüler wie Vögel in einem Nest zu sehen.
Sie brauchen das Nest, um zu wachsen und sicher zu sein,
aber sie müssen auch aus dem Nest geworfen werden, um fliegen zu lernen.
Gib uns Weisheit zu erkennen, wann wir sie schützen und wann anstoßen
müssen. Um Christi und seines Königreichs willen. Amen.

Ein ausgewogener Auftrag

Singt dem HERRN ein neues Lied, singt dem HERRN, alle Welt!
(Psalm 96,1)

Schulen auf biblischer Basis sind komplexe Orte. Sie sind gleichzeitig sichere Orte, gefährliche Orte und Orte im Einklang mit den besten Praktiken der Gesellschaft. Das ist keine leichte Aufgabe, soviel steht fest, denn es ist leicht, diese drei Aspekte aus dem Gleichgewicht zu bringen.

Wenn eine Schule vor allem einen sicheren Ort schaffen will, kann sie eine abgesonderte Insel mit ihrer eigenen kleinen Kultur werden. Solche Schulen schneiden sich von anderen ab, und es gelingt ihnen nicht, Salz und Licht in einer Welt zu sein, die zuschaut. Sie unterschätzen Gottes Kraft, seine Welt zu erhalten.

Wenn eine Schule ihre Identifikation mit der Kultur betont, steht sie in der Gefahr, ihre christliche Besonderheit zu verlieren. Die Lehrer beachten dann vielleicht nicht mehr die volle Bedeutung der christlichen Perspektive für Unterrichtsfächer wie Geschichte oder Literatur. Oft haben diese Schulen eine begrenzte Sicht des Sündenfalls; sie sehen nicht seine Auswirkungen auf das politische, wirtschaftliche und gesellschaftliche Leben. Sie definieren in der Regel ihren Erfolg über den Vergleich mit öffentlichen Schulen.

Wenn eine Schule Programme forciert, die mit Risiken verbunden sind, vergisst sie möglicherweise, dass sie eine Schule und kein Dienstleistungsunternehmen ist. Werden in einer Schule Risiken eingegangen, geht es um Lernen, nicht um Sozialreform. Wenn Risiken eingegangen werden, um die gesellschaftliche Lücke zwischen einem Ist- und einem Sollzustand zu schließen, kann das menschliche Macht überbewerten. Wenn menschliches Tun an die Stelle der Macht Gottes tritt, kann das zu einem unangemessenen Triumphgefühl führen.

Der Psalmist ruft die Gläubigen auf, dem Herrn ein neues Lied zu singen. Was könnte ein solches neues Lied für christliche Schulen bedeuten? Matthew Henry versteht das neue Lied als eine neue Weise, Gott anzubeten. Er sagt: „Es ist ein besonderes Lied, das Ergebnis neuer Gefühle, in neue Ausdrucksweisen gehüllt." Wir sollten von einem neuen Lied etwas Überraschendes erwarten, sagt er.

Bildlich gesehen, birgt die Aussicht, dass Schulen sich dafür einsetzen, dem Herrn ein neues Lied zu singen, eine große Verheißung. Alte Lieder werden aussortiert. Ein neues, überraschendes Lied wird geschrieben, voll neuer Ausdrucksformen. Die drei Bildungsschwerpunkte der alten Lieder werden durch eine kunstvolle Mischung ersetzt, die die drei vereint. Ein neues Lied entsteht mit vielen Strophen, die in Harmonie zum Lob des Schöpfers anschwellen.

In dem neuen Lied werden Schüler mit Respekt als Gottes besondere Geschöpfe behandelt. Sie werden beschützt, soweit das nötig ist, und sie erhalten Freiheit, sobald sie dazu in der Lage sind. Es bereitet Lehrern große Freude, ihnen Gastfreundschaft zu erweisen. In dem neuen Lied wird mit Dankbarkeit gelernt, weil die Schüler sich darauf vorbereiten, ihrer Berufung durch Gott zu entsprechen, und nicht bloß um gute Noten zu bekommen oder sich auf einen Beruf vorzubereiten. In dem neuen Lied weicht man der Sünde weder aus, noch toleriert man sie. Jeden Tag nehmen Schüler und Lehrer die Herausforderung an, die Kluft zwischen unserer kaputten Gegenwart und den Verheißungen für die Zukunft zu untersuchen. Dann beten sie für kleine und große Möglichkeiten, die Kluft zu überbrücken, und sie arbeiten daran. O Herr, lehre uns, dieses neue Lied zu singen.

Hagel, Regen, Wind, tosender Schneesturm, singt dem HERRN ein neues Lied,
Blumen und Bäume, raschelnde Blätter, singt dem HERRN ein neues Lied,
Motoren und Stahl, dröhnende Hämmer, singt dem HERRN ein neues Lied,
Kalkstein und Balken, lärmende Bauleute, singt dem HERRN ein neues Lied,
Wissen und Wahrheit, klingende Weisheit, singt dem HERRN ein neues Lied,
Tochter und Sohn, laut betende Freunde, singt dem HERRN ein neues Lied,
Großes tat er, und auch ich lobe ihn mit einem neuen Lied.

(Englischer Liedtext von David N. Johnson,
deutsche Übertragung von WR)

Ein Elterngespräch

Es ist dir gesagt, o Mensch, was gut ist und was der HERR von dir fordert: Was anders als Recht tun, Liebe üben und demütig wandeln mit deinem Gott? (Micha 6,8)

Du hast einige Eltern eingeladen zum Gespräch über die Ziele eurer christlichen Schule. Sie beginnen damit, dass sie die Ziele auf das beziehen, was im Literaturunterricht vermittelt wird. Hier sind ein paar ihrer Äußerungen:

„Wir möchten, dass unsere Kinder vor den bösen Einflüssen der Welt geschützt werden. Deshalb schicken wir unsere Kinder hierher. Wenn die Fachschaft nichtchristliche Literatur im Unterricht behandelt, wieso nennt sich die Schule dann christlich? Wenn unsere Kinder Gossensprache lesen sollen, können wir sie auch auf eine öffentliche Schule schicken."

„Aber wir müssen solche Literatur behandeln, weil sie zu den Meisterwerken unserer Kultur gehört."

„Das sehe ich auch so. Außerdem beginnt der Unterricht mit einem Gebet, und der Heilige Geist wird unsere Kinder vor möglichen negativen Einflüssen bewahren."

„Da kann ich überhaupt nicht zustimmen. Wenn wir unsere Kinder von sündigen Gedanken fernhalten wollen, ist es Unsinn, sie auf sündige Ideen zu stoßen. Wir sind doch keine entschiedenen Christen, wenn wir zulassen, dass der Lehrplan nichtchristliche Texte enthält."

„Nun stecken Sie mal nicht den Kopf in den Sand! Wie sollen unsere Kinder zur Uni gehen, wenn sie sich nicht mit dem auseinandersetzen, was Schüler in anderen Schulen lernen? Unsere Schule soll doch kein Treibhaus werden. Unsere Kinder müssen auf das richtige Leben vorbereitet werden. Außerdem unterstützen wir ja nichts wirklich Weltliches wie Tanzen. Warum machen sie sich deshalb Sorgen?"

„Die Vorstellung eines christlichen Zugangs zur Geschichte, zur Literatur, zur Physik oder zur Mathematik ist sowieso mit ziemlich viel Rhetorik verbunden. Geschichte ist Geschichte, Mathe ist Mathe, und Literatur ist Literatur. Die christliche Sicht kommt durch den Lehrer rein, durch seine Haltung zu den Schülern, und wie die Schüler sich zueinander verhalten. Natürlich muss es auch biblischen Unterricht geben."

Über den Auftrag einer Schule

„Das stimmt überhaupt nicht! Echte Exzellenz entsteht, wenn wir unsere Schüler so ausrüsten, dass sie mit der Zerrissenheit und der Ungerechtigkeit in unserer Welt umgehen können. Am Ende sollten unsere Schulen junge Leute entlassen, die in der Lage sind, etwas in dem Beruf, in den Gott sie gestellt hat, für Jesus zu bewirken."

Nach der Besprechung denkst du über die Äußerungen der Eltern nach und bist verblüfft darüber, wie unterschiedlich ihre Sichtweisen sind. Sie alle unterstützen christliche Bildung und Erziehung, aber ihre Einschätzung dessen, was christliche Erziehung bewirken soll, unterscheidet sich spürbar. Wer hat denn nun Recht?

Die Eltern, die an der Besprechung teilgenommen haben, stellen sich drei verschiedene Arten von Schule vor. Eine Gruppe betrachtet Schule als einen sicheren Ort für ihre Kinder. Sie wollen sich vom Bösen in der Welt fernhalten und sich auf das Gute konzentrieren. Andere sehen die Notwendigkeit, dass Schule, um Schüler auszurüsten, ein gefährlicher Ort ist. Sie wollen, dass Schule die Kluft zwischen dem Istzustand der Welt und dem, wie die Welt sein sollte, aufzeigt. Sie möchten, dass die Schule ihre Kinder dazu ausrüstet, die Herausforderung anzunehmen, diese Kluft zu überbrücken, auch wenn das schwierig und riskant ist. Die dritte Gruppe betrachtet Schule weitgehend als einen Ort im Einklang mit der allgemeinen Kultur. Diese Eltern wollen, dass ihre Kinder sich anpassen und ihren Platz in der Gesellschaft finden. Sie schätzen Leistung und fachliche Exzellenz.

Eins ist sicher: dass Lehrer ständig mit unterschiedlichen Vorstellungen von Eltern konfrontiert sind über das, was an christlicher Erziehung christlich ist. Deshalb müssen die Lehrer sich selbst im Klaren sein, was der Auftrag ihrer christlichen Schule ist. Dabei sollten sie die Verdienste dieser unterschiedlichen Ziele für eine christliche Schule abwägen.

O Herr, wir brauchen die göttliche Leitung des Heiligen Geistes, wenn es um unsere Beziehung zur säkularen Gesellschaft geht. Wir neigen dazu, die Gesellschaft zu umklammern, wenn wir weglaufen sollten. Wir neigen dazu, wegzulaufen, wenn wir sie verändern sollten. Gib uns Weisheit in unseren Schulen, in Jesu Namen. Amen.

Den Himmel ansteuern

Ihr sollt euch nicht Schätze sammeln auf Erden, wo die Motten und der Rost
sie fressen und wo die Diebe nachgraben und stehlen. Sammelt euch vielmehr
Schätze im Himmel, wo weder die Motten noch der Rost sie fressen und wo
die Diebe nicht nachgraben und stehlen! Denn wo euer Schatz ist,
da wird auch euer Herz sein.
(Matthäus 6,19-21)

Vielleicht hast du schon einmal die Aussage gehört, dass manche Leute so himmlisch gesinnt sind, dass sie auf der Erde zu nichts gut sind. Nun haben manche möglicherweise Schwierigkeiten, auf der Erde zu etwas gut zu sein, aber nicht weil sie himmlisch gesinnt wären. C. S. Lewis glaubt, dass genau das Gegenteil wahr ist: „Weil Christen weitgehend aufgehört haben, an die andere Welt zu denken, sind sie so wirkungslos in dieser geworden". Er fügt hinzu: „Richte dich nach dem Himmel aus, und du erhältst die Erde dazu; richte dich nach der Erde aus, und du bekommst weder sie noch den Himmel."

Sollten christliche Schulen sich nach dem Himmel ausrichten? Was hat die Beherrschung von Lesen, Schreiben und Rechnen letztlich mit dem Himmel zu tun? Christliche Gemeinden können den Himmel ansteuern, Schulen sollten sich nach der Erde ausrichten. Ist das so?

Viele von uns haben das „Warum-Spiel" mit kleinen Kindern gespielt. Es beginnt damit, dass das Kind die Warum-Frage stellt: Warum hat Gott Spinat gemacht? Unsere Antwort: Damit wir gutes, nahrhaftes Essen haben. Warum? Damit wir gesund sein können. Warum? Damit wir jeden Tag genug Kraft haben, um zu leben und zu arbeiten. Warum? Damit wir das lieben können, was Gott liebt, und das tun, was er von uns möchte. Das Warum-Spiel führt immer auf Gott und seinen Weg mit uns in dieser Welt hin.

Wenn es richtig gut geht, sind christliche Schulen Orte, wo das Warum-Spiel in jedem Unterricht gespielt wird. Jedes Schulfach weist, wenn es richtig verstanden wird, über sich hinaus. Zum Leben gehört mehr als das Offensichtliche, und sobald wir das wissen, erhält das Hier und Jetzt unserer Beschäftigung im Unterricht eine neue Bedeutung.

Wenn wir uns auf den Himmel ausrichten, hilft uns das zu sehen, dass die Freuden dieser Welt wirklich sind, aber nicht endgültig. Ich mag Apfelkuchen, aber sein verlockendes Aroma und sein köstlicher Duft sind nur et-

Über den Auftrag einer Schule

was Vorübergehendes. Ein Stück zu essen, macht mich einerseits zufrieden, gleichzeitig möchte ich aber mehr. C. S. Lewis schreibt, dass diese Spannung vieles erklärt: „Wenn ich in mir selbst ein Verlangen entdecke, das keine Erfahrung in dieser Welt befriedigen kann, ist die wahrscheinlichste Erklärung, dass ich für eine andere Welt gemacht worden bin." Wenn ich mich nur nach Apfelkuchen sehnte, wäre ich bald ein Vielfraß. Wenn mich aber das, was ich esse, daran erinnert, dass noch etwas Besseres kommt, dann habe ich eine wichtige Wahrheit über Gottes Absichten in dieser Welt und mit ihr gelernt. „Das alles und der Himmel dazu", wie ein Pastor es ausdrückte.

Lehrer müssen Schülern helfen zu verstehen, dass die Ausrichtung auf den Himmel der einzige Weg ist, um die Bedeutung ihres Lernens ganz zu verstehen. Deshalb rät Harro Van Brummelen Lehrern, Unterrichtseinheiten zu entwerfen, die das Thema „Hoffnung für die Zukunft" beinhalten. Ob Schüler sich mit Biologie oder Geschichte befassen – das Unterrichtsgespräch muss über Fragen nach dem Was und Wie hinaus zu Fragen nach Hoffnung und Sinn führen, schreibt er. Schulen, die in ihren Schülern Hoffnung wachsen lassen, schicken sie auf eine Reise, auf der sie sowohl himmlisch gesinnt als auch gut für die Erde sind. Solche Schulen steuern den Himmel an.

Auf der einen Seite muss ich darauf achten, nie die irdischen Segnungen zu verachten oder für sie undankbar zu sein, und auf der anderen, sie nie für das zu halten, wovon sie nur ein Abbild, eine Spiegelung oder ein Echo sind. Ich muss in mir die Sehnsucht nach meinem wahren Zuhause lebendig erhalten.

(C. S. Lewis)

Sich kümmern und Frieden stiften

Glückselig sind die Friedfertigen, denn sie werden Söhne Gottes heißen.
(Matthäus 5,9)

*Und Gott der HERR nahm den Menschen und setzte ihn in
den Garten Eden, damit er ihn bebaue und bewahre.*
(1. Mose 2,15)

Die christliche Grundschule, die unsere Kinder besuchten, hat das Motto:
„Wir wollen uns kümmern und Frieden stiften." Die Lehrkräfte und die
Schulleiterin bekräftigten dieses hochgesteckte Ziel den Schülern gegenüber
bei vielen Gelegenheiten. Unsere Kinder lernten, dass sich zu kümmern
auch für die Jüngsten bedeutet, den eigenen Tisch in Ordnung zu halten
und die Hausaufgaben verantwortungsvoll zu erledigen. Es kann auch bedeuten, den Klassenraum (und das eigene Zimmer zu Hause) aufzuräumen
und den Schulhof zu säubern.

Frieden zu stiften, bedeutet unter anderem, sich nach einem Streit mit Mitschülern oder Geschwistern zu vertragen. Positiv gesehen, erfordert Frieden
zu stiften, aktiv liebevolle Beziehungen zu den Menschen um einen herum
aufzubauen. Eine seiner Lehrerinnen sagte zu unserem Sohn, als er auf einem Fehlverhalten beharrte: „Es fällt dir echt schwer, dich zu entschuldigen,
oder?" Das war der verbale Anstoß, den er brauchte, um vom Friedensstörer
zum Friedensstifter zu werden.

Man könnte sich fragen, was daran so einzigartig ist. Bringen nicht alle
Schulen ihren Schülern bei, ihre Hausaufgaben zu machen und sich zu benehmen? Hoffentlich tun sie das, aber eine christliche Schule kann so viel
mehr tun. Die Lehrer können den Schülern zeigen, dass sich zu kümmern
und Frieden zu stiften wichtige Wege sind, um Menschen und Dinge wieder
zu der Ganzheit zu führen, die für sie vorgesehen ist. Es geht um viel mehr
als bloß keine Schwierigkeiten zu bekommen.

Christliche Lehrer können Schüler auf den Tag hinweisen, an dem Jesus
Christus auf die Erde zurückkommen und alles neu machen wird. Bis dahin sind Christen damit beschäftigt, Dinge zu reparieren und wiederher-
zustellen, und bezeugen damit, was einmal eintreffen wird, wenn der Herr
wiederkommt. Kleine, aber wichtige Wiederherstellungen gibt es immer

wieder: Verschmutzte Flüsse werden gereinigt, Ehepartner versöhnen sich, Schulen erhalten die Mittel und die Lehrkräfte, die sie brauchen, Witwen und Waisen werden besucht und auch ältere Menschen in den Pflegeheimen. Menschen tun sich zusammen, um etwas Gutes zu erreichen, Erwachsene gehen einer Arbeit nach, die sie erfüllt, Mahlzeiten sind Anlässe, um gute Gespräche zu führen und sogar zu feiern und nicht bloß um Nahrung aufzunehmen. Es gibt so viel, was einen entzückt und überwältigt: den Weg eines Mannes mit einer Jungfrau, den Weg eines Schiffes auf dem Meer (nach Sprüche 30,19). Menschen wenden sich im Glauben Jesus zu, ein Problem ist gelöst, ein Streit vorbei, ein Leck abgedichtet, die Heizung ist an, der Krieg ist vorüber.

Was hat Wiederherstellung mit einer christlichen Schule zu tun? Gerade unterhalb der Routine, die das tägliche Leben in einer Schule ausmacht, findet sich diese wichtige Wirklichkeit: Die Kenntnisse, Fertigkeiten und Werte, die Schüler sich in einer Schule aneignen, sind kein Selbstzweck. Christliche Schulen funktionieren am besten, wenn sie eine Generation von Schülern nach der anderen darauf vorbereiten, Kümmerer und Friedensstifter im Namen Jesu Christi zu sein.

Sollten Schüler hart arbeiten, um sich auf die Arbeitswelt vorzubereiten? Sollten Lehrer hart daran arbeiten, die Qualität der Schule zu verbessern? Ja, unbedingt, solange sie daran denken, dass auf sich selbst und auf die Schule achtzugeben nicht das letzte Ziel ist. Gott beruft sie, sich auf eine viel bedeutendere Weise zu kümmern und Frieden zu stiften.

Alles will ich Jesus weihen,
nichts mehr will ich nennen mein.
Leib und Seele, Gut und Habe,
alles soll sein eigen sein.
Alles will ich Jesus weihen,
meines Geistes beste Kraft,
all mein Denken, all mein Streben,
alles, was mein Tagwerk schafft.

(J.W. van de Venter)

Dankbarkeit

Wir wünschen euch, dass der Frieden, der von Christus kommt, eure Herzen
regiert, denn als Glieder des einen Leibes seid ihr zum Frieden berufen.
Und seid dankbar! Gewährt der Botschaft des Messias viel Raum und lasst
sie ihren ganzen Reichtum in euch entfalten! Belehrt und ermahnt euch
gegenseitig mit aller Weisheit! Und weil ihr Gottes Gnade erfahren habt,
singt Gott aus vollem Herzen Psalmen, Lobgesänge und geistliche Lieder!
Doch alles, was ihr tut und sagt, sollt ihr im Namen des Herrn Jesus tun und
durch ihn Gott, dem Vater, danken.
(Kolosser 3,15-17; NeÜ)

Gelegentlich berate ich Schüler, die sich für den Beruf des Lehrers entschieden haben. Wenn sie sich über Schulen informieren, rate ich ihnen, sich als erstes die Schulordnung anzusehen. Wie viele Regeln enthält sie? Haben Lehrer ihren eigenen Freiraum bei der Durchsetzung von Disziplin, oder definiert die Schulordnung jedes mögliche Fehlverhalten und die entsprechenden Sanktionen? Wenn die Schulordnung umfangreich ist, kann es sein, dass die Schulkultur von den Regeln – „du sollst" und „du musst" – niedergedrückt wird. Die Schüler könnten sogar darauf schließen, dass es beim Leben als Christ nur um das Einhalten von Regeln geht.

Warum die Betonung von Regeln? Gehorsam und Verantwortlichkeit sind keine schlechten Ziele, solange die Regeln fair sind. Aber ist es das Hauptziel einer christlichen Schule, pflichtbewusste, verantwortliche Schüler hervorzubringen? Ich glaube, es ist nicht so, obwohl solche Ergebnisse wichtig sind. In Kolosser 3 stellt der Apostel Paulus andere Eigenschaften anstelle von Pflichterfüllung heraus. In den Gemeinden soll gelehrt und ermahnt werden, aber – das ist bemerkenswert – Lernen führt zu Dankbarkeit. Irgendetwas in dem innewohnenden Wort Jesu führt dazu, dass die Leute singen wollen. Sie werden mit dem Frieden Christi erfüllt. Was wollen die Schüler an deiner Schule tun? Ist Lernen (und Unterrichten) ein Akt der Dankbarkeit oder der Pflicht?

Nicholas Wolterstorff ist der Ansicht, dass viele christliche Schulen das Gesetz Gottes betonen und die Verpflichtung, es einzuhalten, zu ihrem Hauptziel gemacht haben. Gott hat das Gesetz gegeben, wir sollen uns daran halten. Folglich werden Schüler dadurch definiert, wie sie in Gottes Welt in

Über den Auftrag einer Schule

einer Weise funktionieren, die dem Gesetz entspricht. Pflicht zählt mehr als Dankbarkeit.

Wie wäre es, wenn Schüler über ihre Neugier oder ihre Gaben definiert würden oder – noch wichtiger – darüber, wen sie lieben? Wolterstorff erklärt, dass diese Dinge viel näher am Kern dessen sind, was eine Schule zur christlichen Schule macht. „Wenn wir dem entsprechen, was wir sind " sagt er, „werden wir dankbare Menschen sein, die ein Lied anstimmen, und dann machen wir weiter und tun Werke des Gehorsams aus Dankbarkeit. '

Klingt das unrealistisch? Lehrer, die Dankbarkeit gegenüber Gott vorleben, werden sehr wahrscheinlich dasselbe an ihren Schülern wiedersehen. Ich kenne einen Lehrer, der in die Klasse kommt und sagt: „Der Herr ist gut!" Die Schüler antworten: „Zu aller Zeit!" Der Lehrer nimmt das auf: „Zu aller Zeit!" Und die Schüler antworten: „Der Herr ist gut." Irgendwie fällt es schwer, zynisch oder gleichgültig zu sein, wenn der Unterricht mit überschwänglichem Dank beginnt. Dankbarkeit zählt mehr als Pflicht.

O Herr, hilf uns, unsere Schulen zu Orten zu machen, wo Schüler lernen, eher Lobende zu sein als Menschen, die Regeln einhalten. Hilf uns, Gehorsam als Akt der Dankbarkeit dir gegenüber zu lernen.
Das bitten wir in Jesu Namen. Amen.

Wissen und lieben

Und ich bete auch darum, dass eure Liebe immer reicher an Verständnis und Einsicht wird, damit ihr euch für das entscheidet, worauf es ankommt, und am Tag von Christus rein und tadellos vor ihm steht.
(Philipper 1,9-10; NeÜ)

Paulus legt der Gemeinde in Philippi seine Seele offen. „Gott weiß", schreibt er, „wie sehr ich mich nach euch allen sehne – mit der herzlichen Liebe von Jesus Christus." Er wünscht ihnen das Beste, vor allem, dass sie Jesus in seiner Demut nachahmen.

Und so betet er für sie, „dass [ihre] Liebe immer reicher an Verständnis und Einsicht wird." Liebe, Verständnis und Einsicht miteinander verbunden – er sehnt sich danach zu sehen, dass das bei denen geschieht, die er liebt.

Lehrer sehnen sich für ihre Schüler nach Ähnlichem. Sie wollen, dass ihre Liebe, ihr Verständnis und ihr Urteilsvermögen wachsen. Wie kann das in der Schule erreicht werden? Schule ist ein Ort, wo man lernt, wo man mehr Wissen und Einsicht erwirbt, aber mehr Liebe? Was hat Liebe mit Schule zu tun? Und wenn sie einen Platz in der Schule hat, wie kann man Liebe lernen?

Der Apostel Paulus hat uns etwas darüber zu sagen, glaube ich, wie wir unsere christlichen Schulen strukturieren. Wenn wir die Schulgottesdienste und Andachten mit Gebeten und Lobpreis als Orte ansehen, wo Liebe gefördert wird, und den Unterricht in Mathematik, Literatur und Naturwissenschaften als Ort, wo Wissen und Einsicht gefördert werden, dann trennen wir, was Paulus zusammenfügt.

Lieben und Denken umarmen einander – so sieht es Paulus. Beide sind untrennbar verbunden. Schulen machen etwas falsch, wenn sie hohe Mauern aufbauen, die das Erwerben von Wissen vom Lernen zu lieben trennen. Ein Kopf voller Ideen ohne ein Herz, das bereit ist, diese Ideen auf liebevolle Weise zu nutzen, ist unvollständig, er ist nur zum Teil entwickelt.

Jemand hat gesagt, dass es ein Hauptziel von Schule sei, Schüler dazu auszurüsten, dass sie lieben, was Gott liebt. Was liebt er? Seine Schöpfung. Sein Gesetz. Dienst. Gerechtigkeit. Schönheit. Wahrheit. Moralische Vollkommenheit. Dich. Deine Schüler.

Lehrer machen es richtig, wenn sie ihre Schüler gewissenhaft daran erinnern, dass Wissenserwerb nie ein Selbstzweck ist. Er ist ein Mittel, um das zu lieben, was Gott liebt. Es gefällt Gott, wenn Schüler ihre künstlerischen Fähigkeiten nutzen, um ästhetisch ansprechende Bilder zu malen. Es gefällt Gott, wenn sie naturwissenschaftliche Kenntnisse erwerben, um sie zur Lösung gesellschaftlicher Probleme zu nutzen. Gott liebt es, wenn sich um seine Welt gut gekümmert wird.

Und wenn Schüler ihr Wissen nutzen, um zu erkennen, wie sie am besten rein und untadelig bis zum Tag Christi bleiben können, dann gefällt auch das Gott.

Es gibt bedingungslose Liebe,
die alles trägt und nie vergeht,
und unerschütterliche Hoffnung,
die jeden Test der Zeit besteht.
Es gibt ein Licht, das uns den Weg weist,
auch wenn wir jetzt nicht alles sehn.
Es gibt Gewissheit unsres Glaubens,
auch wenn wir manches nicht verstehn.

(Albert Frey; Copyright: Hänssler Verlag, Holzgerlingen)

Materialismus

Denn unser Kampf richtet sich nicht gegen Fleisch und Blut, sondern gegen die Herrschaften, gegen die Gewalten, gegen die Weltbeherrscher der Finsternis dieser Weltzeit, gegen die geistlichen Mächte der Bosheit in den himmlischen Regionen.
(Epheser 6,12)

Erfahrene Lehrkräfte wissen, dass mehr zu einer guten christlichen Bildung gehört, als nur die Unwissenheit der Schüler zu überwinden. Es findet ein Kampf um ihre Herzen und ihren Verstand statt, ein Kampf „gegen die geistlichen Mächte der Bosheit in den himmlischen Regionen."

Kürzlich unterhielt ich mich mit einem erfahrenen Lehrer in einer angesehenen weiterführenden christlichen Schule. Er ist ein Lehrer, der von seinen Schülern und seinen Kollegen in der Schule gleichermaßen geschätzt wird. Ich fragte ihn, ob sich die Schüler mit den zentralen Werten und den geistlichen Merkmalen identifizierten, die die Besonderheit der Schule ausmachten. Er seufzte und sagte: „Die meisten nicht. Die Herausforderung, die damit verbunden ist, wird nicht konsequent herausgestellt, und sie wird planlos kommuniziert. Die Lehrer vermitteln nur eine bruchstückhafte Sicht des Auftrags der Schule, und, offen gesagt, die Schüler sind vor allem mit sich selbst, mit Spaß und Unterhaltung beschäftigt."

Dieser Lehrer hat den Eindruck, dass christliche Schulen im Leben der Schüler nicht immer das bewirken, was sie zu bewirken hoffen. Wie kommt das? Teilweise weil das Problem zu groß ist, als dass Lehrer es allein bewältigen könnten. Materialismus und das Kreisen der Schüler um sich selbst sind im Grunde geistlicher Natur, und der Klassenraum wird zu einer Arena, in der der Kampf ausgetragen wird.

Thomas Smith weist darauf hin, dass das Aufwachsen der Schüler in einer individualistischen Verbraucherkultur einen großen Teil des Problems ausmache. Die Kultur bewirke, sagt er, dass Schüler übermäßig nach materiellem Besitz streben, was zu der Tragödie führe, dass ihre Fähigkeit zu staunen und sich zu freuen gedämpft werde. Ihre Welt sei eingeengt durch Bekommen und Haben. Manchmal entstehen geistliche Kämpfe in Form des angesagtesten technischen Geräts, das unsere Aufmerksamkeit fesselt und uns dazu bringt, Dinge mehr wertzuschätzen als Menschen.

So muss es aber nicht gehen. Eines Abends nahm ich an einem Essen mit über zwanzig Leuten teil, von denen zehn zwischen drei und dreizehn Jahre alt waren. Kein Fernseher war eingeschaltet und auch kein anderes Gerät, das unsere Aufmerksamkeit einer virtuellen Realität zuwenden und voneinander abwenden konnte. Stattdessen waren die jungen Leute aufmerksame Beobachter, die vieles vom Gespräch der Erwachsenen mitbekamen. Obwohl sie nicht im Mittelpunkt standen, erhielt jedes Kind bei Gelegenheit seinen „Platz an der Sonne", wenn es angesprochen wurde, wenn ihm zugehört wurde und es ermahnt oder gelobt wurde. Kurz, sie waren keine „Verbraucher, die sich übermäßig nach materiellem Besitz ausstreckten", sondern, wie es Gott gefällt, Teilnehmer an einem Gespräch unter drei Generationen, bei dem es viel Raum gab für Staunen und Begeisterung. Klavierspiel statt Videospiel – das nahm unsere Aufmerksamkeit ein.

Was kann das für deinen Unterricht bedeuten? Bete dafür, dass der Heilige Geist dir im Kampf um die Herzen und den Verstand deiner Schüler hilft. Und zeig, dass du dich für deine Schüler interessierst als Menschen, die in Gottes Bild geschaffen sind. Nimm ihre Interessen und Vorstellungen ernst. Wenn sie spüren, dass du sie als Kinder Gottes achtest, wird sie das ermutigen, ihr eigenes Potenzial zu entfalten. Hohe Erwartungen wecken eine gottgemäße Zielstrebigkeit, und das ist es, was Schüler brauchen, wenn es darum geht, einen geistlichen Kampf zu führen.

HERR, hilf mir durch deinen Heiligen Geist im Kampf um die Herzen und den Verstand meiner Schüler. Bitte wecke in mir ein echtes Interesse an ihnen und hilf mir, sie wertzuschätzen und zu achten. Sie sind ja in deinem Bild erschaffen. Befähige sie, das Potenzial zu entfalten, das du in sie hineingelegt hast, und selbst wach zu sein für den geistlichen Kampf, der ansteht. Amen.

Sinn im Leben

Und was immer ihr tut in Wort oder Werk, das tut alles im Namen
des Herrn Jesus und dankt Gott, dem Vater, durch ihn.
(Kolosser 3,17)

Jeder Lehrer hat schon die klassische Schülerfrage gehört: „Warum müssen
wir das lernen?" Manchmal ist die Frage nicht so leicht zu beantworten,
aber ich bin überzeugt, dass sie eine sorgfältige und vollständige Antwort
verdient. Schüler haben nicht immer eine langfristige Sicht der Dinge und
sehen deshalb vielleicht nicht die guten Antworten auf ihre Frage nach dem
Warum. Aber wer diese Frage stellt, beweist ein aufrichtiges Bedürfnis, einen Sinn in dem zu finden, was er oder sie tut. Mensch zu sein, heißt, Sinn
im Leben zu suchen.

Die Westminster-Synode der Anglikanischen Kirche gibt uns eine gute
Antwort auf die Frage nach dem Sinn des Lebens. Sie sagt uns im Kleinen
Katechismus, dass der Sinn darin liege, „Gott zu verherrlichen und sich für
immer an ihm zu freuen." Das sind wahre Worte. Trotzdem bleibt die Schülerfrage: „Muss ich Algebra lernen, um Gott zu verherrlichen?"

Michael Wittmer erklärt, dass Christen, während sie die Frage nach dem
Sinn des Lebens beantworten, auch nach Antworten suchen sollten, um den
Sinn im Leben selbst zu finden. Gibt es einen innewohnenden Sinn in unseren täglichen Tätigkeiten, zum Beispiel in der Beschäftigung mit Algebra?
Wittmer drückt es so aus: „Besteht unser Lebenssinn ausschließlich in geistlichen Aktivitäten, oder liegt auch ein Wert darin, zur Arbeit zu erscheinen,
das Auto zu polieren, mit den Kindern zu spielen oder einen Ausflug an
den Strand zu machen – nur ein paar der vielen Dinge, die wir tun, nicht
weil wir Christen, sondern vor allem weil wir Menschen sind?" Der Apostel
Paulus sagt Ja zum Wert der alltäglichen Dinge und fordert uns auf, jede Tat
in Jesu Namen zu tun und jedes Wort in seinem Namen zu sagen. Nichts
entzieht sich dem Blick Gottes, und es gibt im Leben keine neutralen Bereiche, für die Gott sich nicht lebhaft interessiert.

Eine christliche Schule ist ein besonders passender Ort, um Antworten auf
die Frage nach dem Sinn im Leben zu erarbeiten. Sie kann ein klingendes
Ja in die täglichen Angelegenheiten von Schülern sprechen. Hausaufgaben
und Klassengespräche, Mathematik und Musik, Sport und Naturwissen-

schaften gehören alle zu einem Schulleben, das im Angesicht Gottes gelebt wird, und alle haben ihren Wert. Lernen geschieht letztlich nicht um des Lernens willen, sondern dient dazu, die Möglichkeiten zu entfalten, die in der Schöpfungsordnung angelegt sind. Die Algebra erzählt einen wichtigen Teil dieser Geschichte und kann für einige ein Mittel sein, um das Potenzial der Schöpfung weiter zu erforschen.

Schülern fällt es womöglich schwer, sich an diese Wahrheiten zu erinnern. Wenn also das nächste Mal ein Schüler dich fragt: „Warum müssen wir das lernen?", kannst du ihnen ins Bewusstsein rufen, wo sie leben: in einer Welt, die erfüllt ist von der Herrlichkeit Gottes.

Geh aus, mein Herz, und suche Freud
in dieser lieben Sommerzeit
an deines Gottes Gaben;
schau an der schönen Gärten Zier
und siehe, wie sie mir und dir
sich ausgeschmücket haben,
sich ausgeschmücket haben.

Ich selber kann und mag nicht ruhn,
des großen Gottes großes Tun
erweckt mir alle Sinnen;
ich singe mit, wenn alles singt,
und lasse, was dem Höchsten klingt,
aus meinem Herzen rinnen,
aus meinem Herzen rinnen.

Mach in mir deinem Geiste Raum,
dass ich dir werd ein guter Baum,
und lass mich Wurzel treiben.
Verleihe, dass zu deinem Ruhm
ich deines Gartens schöne Blum
und Pflanze möge bleiben,
und Pflanze möge bleiben.

(Paul Gerhardt)

Ein neues Lied singen

Hallelujah! Singt dem HERRN ein neues Lied,
sein Lob in der Gemeinde der Getreuen!
(Psalm 149,1)

Dem Herrn ein neues Lied zu singen, erfordert natürlich, dass man singt. Das ist offensichtlich. Es reicht nicht, sich mit Musik zu beschäftigen oder zuzuhören, wenn andere singen. Der Psalmist fordert uns auf zu singen. Ebenso offensichtlich ist es, dass das Singen gemeinsam geschieht, mit anderen in der Gemeinde. Es mag Soli geben, aber alle stimmen ein. Christen sollen zusammen singen, um den Herrn zu loben.

Eine christliche Schule, die eine „Neues-Lied-Schule" sein will, kann hier viel lernen. Oft verstehen christliche Schulen ihre Aufgabe so, dass sie ihren Schülern Wissen und Fertigkeiten weitergeben. Sie wollen, dass ihre Schüler als Christen über ihre Fächer *denken*. Eine christliche „Neues-Lied-Schule" versteht, dass eine vollständige Pädagogik Schüler dahin bringt, nicht nur über das nachzudenken, was wahr ist, sondern auch entsprechend zu handeln.

Nicholas Wolterstorff hat diesen weiten Blick, wenn er sagt, dass das Ziel christlicher Erziehung und Bildung sein sollte, ein christliches Leben zu führen. Lernen in der Schule sollte sich nicht darauf beschränken, Wissen und Fähigkeiten zu erwerben; Schüler müssen die Neigung entwickeln, „ihr Wissen und ihre Fähigkeiten in einer bestimmten Weise zu nutzen." Solche Schulen erwarten, dass Schüler sich von der Frage nach dem Was ihres Lernens weiterbewegen zu der Frage nach dem „Was jetzt?", indem sie die Bedeutung des Gelernten für ihr Leben bedenken. Und sobald Schüler die Relevanz dessen, was sie lernen, erkennen, lassen sie sich zu einem neuen Lebensstil bewegen. Sich mit Gerechtigkeit und Verantwortung zu beschäftigen, ist eine Sache. Gut mit den Ressourcen umzugehen, die Gott uns auf dieser Erde anvertraut hat, ist eine ganz andere.

Genau wie das Singen in einem Chor ist Lernen eine gemeinschaftliche Angelegenheit. Wir lernen mit anderen zum Nutzen aller. Alasdair MacIntyre setzt Lernen damit gleich, zur Mitarbeit an einer Tätigkeit mit festgelegten Abläufen eingeladen zu sein. Diese Tätigkeit, ganz gleich ob eine Hirnoperation oder ein Schachspiel, beinhaltet zunächst, eingeführt zu werden in eine Tradition mit ihren Herausforderungen, Regeln und Zielen. Wissen,

Über den Auftrag einer Schule

Fertigkeiten müssen beherrscht, Werte angenommen werden. Wir treten in die Fußstapfen anderer und folgen denen, die den Weg weisen können. Es ist ein Prozess mit einem gehörigen Anteil an harter Arbeit und Frustration. Aber unausweichlich führt er auch zu großem Vergnügen: dem Beherrschen von Schachzügen, einem gelungenen Gemälde, der erfolgreichen Operation, alles Gott zur Ehre getan.

Christliche Lehrer führen ihre Schüler in ein ganzes Spektrum gemeinschaftlicher Praktiken ein, und sie erinnern ihre Schüler daran, dass ihre Arbeit dazu angetan ist, als ein neues Lied zu Gott aufzusteigen.

O Herr, lehre uns, dieses neue Lied zu singen.

Erde, Sterne, rasende Planeten, singt dem HERRN ein neues Lied,
siegreiche und feiernde Armee, sing dem HERRN ein neues Lied,
Pfeifen, Trompeten, schallende Zimbeln, singt dem HERRN ein neues Lied,
Harfe, Laute, Leier und Cello, singt dem HERRN ein neues Lied,
Schüler, Lehrer, eifrige Forscher, singt dem HERRN ein neues Lied,
Sportler und Band, jubelnde Menschen, singt dem HERRN ein neues Lied,
Großes tat er, und auch ich lobe ihn mit einem neuen Lied.
(Englischer Liedtext von David N. Johnson, deutsche Übertragung von WR)

Den Mitmenschen sehen

Eine reine und makellose Frömmigkeit vor Gott, dem Vater, ist es, Waisen und Witwen in ihrer Bedrängnis zu besuchen und sich von der Welt unbefleckt zu bewahren.
(Jakobus 1,27)

Was macht eine Schule zur christlichen Schule? Ist es Gebet in der Schule? Bibellesen? Lieder zum Lob Gottes singen? Ja, sicher. Andachten und Gottesdienste sind ein wesentlicher Teil der meisten Schulprogramme, und oft beginnt der Unterricht mit Gebet. Zweifellos ist es gut, wenn Schulen das tun, denn ohne regelmäßige Gelegenheiten, Gottes Wort zu hören und mit Reue und Lobpreis darauf zu antworten, besteht die Gefahr, dass christliche Schulen in bloßen wohlmeinenden Humanismus verfallen.

Aber reichen Gebet und Lobpreis aus, damit eine Schule sich christlich nennen kann? Nicholas Wolterstorff bestreitet das. Er setzt sich für eine umfassendere Sicht des Auftrags einer Schule ein, die die Aufgaben von Gestaltung und Heilen einschließt.

Um das zu erklären, erzählt Wolterstorff, wie er an einem Abend einen Kollegen in dessen Haus besuchte. Unter den Anwesenden war auch ein Arzt der medizinischen Hochschule, der Praktikanten in Geburtshilfe ausbildete. Im Lauf des Abends kam das Gespräch auf die Frage, wie der Doktor die Praktikanten darauf vorbereitete, im Krankenhaus mit Müttern umzugehen, deren Baby tot geboren wurde. „Ich sage ihnen," erklärte er, „ich sage ihnen, dass sie zwei Augen brauchen. Ein Auge reicht nicht; sie brauchen zwei. Mit dem einen müssen sie den Infusionsständer mit seiner speziellen Medikation im Blick behalten; mit dem anderen müssen sie weinen. Ich sage ihnen, sie brauchen zwei Augen."

Also: Gebet und Lobpreis, ja, aber auch Gestaltung und Heilung sind notwendig, um Schülern zu einer zweiäugigen Schulbildung zu verhelfen. Das erste Auge ist das der Kompetenz. Mit diesem Auge können Schüler ein zunehmendes Bewusstsein für die Möglichkeiten entwickeln, sich um die Schöpfung zu kümmern und sie zu gestalten. So wie Gott sie führt, werden sie eines Tages diese Möglichkeiten als Lehrer, Ärzte, Anwälte, Hausfrauen oder Hausmänner, Ingenieure und in anderen Bereichen Tätige entfalten.

So wie der Arzt brauchen Schüler das Auge des Mitgefühls, wenn sie erfahren, wie andere in körperlicher oder geistlicher Not sind. Sie brauchen das Auge der Traurigkeit oder des Zorns, wenn sie sehen, wie menschliche Sündhaftigkeit die gesellschaftliche Landschaft vermüllt: mit kaputten Familien, Stolz und Neid im Leben des Einzelnen, Ungerechtigkeit in der Politik oder einem Materialismus, der gutes Leben im Blick auf das definiert, was man in der Shoppingmeile kaufen kann.

In einer christlichen Schule lernen die Schüler, dass der Weg vom Gebet in den Andachten über das Experiment im Chemieraum zum Dienst in der Suppenküche kurz und direkt ist. Das Auge auf Jesus zu richten, bedeutet, Gottes Welt zu erforschen und auch Witwen und Waisen in ihrer Not zu helfen.

Gib uns eine Stimme, um dich zu loben, Herr. Und gib uns Augen, um zu
sehen, was wir, so wie du das willst, in deiner Welt sein und tun sollen.
Amen.

Weltsicht

Und passt euch nicht diesem Weltlauf an, sondern lasst euch verwandeln durch die Erneuerung eures Sinnes, damit ihr prüfen könnt, was der gute und wohlgefällige und vollkommene Wille Gottes ist.
(Römer 12,2)

Um zu erklären, was es bedeutet, zuerst nach dem Reich Gottes zu trachten, beschreibt Cornelius Plantinga die Gespräche bei zwei verschiedenen Gebetsfrühstücken von Geschäftsleuten. Bei dem einen läuft das Gespräch ungefähr so ab: „Wie kann ich heute meine Geschäftskontakte nutzen, um jemandem zu erzählen, was Jesus für mich getan hat?" Bei dem anderen: „Wie kann ich heute auf solch eine Weise einen Versicherungsvertrag abschließen, ein Haus verkaufen, für ein Produkt werben, dass ich Gott damit ehre und sein Name dadurch geachtet wird?"

Bei dem ersten Treffen, sagt Plantinga, ist der christliche Glaube etwas Zusätzliches, das der beruflichen Tätigkeit etwas hinzufügt, aber sie nicht selbst formt. Beim zweiten Treffen wollen die Beteiligten die Herrschaft Christi in ihrer Geschäftspraxis zur Geltung kommen lassen. Sie fragen: „Wie können wir vermeiden, uns dieser Welt anzupassen, und doch wirkungsvoll in ihr als Menschen arbeiten, die die Kultur um Gottes willen verändern?" Zuerst nach dem Reich Gottes zu trachten und dadurch Jesu Namen zu ehren, hat damit zu tun, wie wir unseren Beruf ausüben und bezeugen, wer uns zu Ehrlichkeit, Gerechtigkeit und Dienst am Arbeitsplatz inspiriert, fasst Plantinga zusammen.

Und in der christlichen Schule? Wenn Lehrer an einer solchen Schule ihren Schülern berichten, was Jesus in ihrem Leben getan hat, dann haben sie etwas Eindrückliches getan. Vor allem in den unteren Klassen schauen Schüler zu ihren Lehrern als Vorbildern auf und wertschätzen, was der Lehrer oder die Lehrerin wertschätzt. Was ist das für ein Vorrecht, aus eigener Erfahrung über die Kraft Jesu, ein Leben zu verändern, zu reden!

Dabei aber stehenzubleiben, nämlich nur von Jesus zu erzählen, heißt, den Fehler zu begehen, den christlichen Glauben der Schule aufzusetzen, ohne zuzulassen, dass er tatsächlich die Arbeit der Schule selbst gestaltet. Christliche Schule sollte viel mehr sein als ein bloßes Hinzufügen von Andachten und Gottesdiensten zu einem ansonsten säkularen Lehrplan. Das große Versprechen einer christlichen Schule ist es, Schüler mit einer christlichen

Sicht ihrer selbst und der Welt auszustatten und zu bewirken, dass sie die Verpflichtung annehmen, in dieser Welt Verfechter von Frieden, Hoffnung und Gerechtigkeit zu sein. Ganz gleich, ob es um Arbeit, Zuhause oder Spiel geht, ist eine christliche Schule bei ihrer Aufgabe dann erfolgreich, wenn sie Schüler so prägt, dass sie, statt sich anzupassen, ihre Welt verändern.

Wenn Schüler Kenntnisse in Mathematik, Geschichte, Literatur und Naturwissenschaften erwerben, um das Wesen von Gottes Welt zu verstehen, dann sind sie bereit zu prüfen, was Gottes Wille für sie als Einzelne ist, und diesem Willen zuzustimmen. Dann reifen sie in ihrem Verständnis dafür, welchen Platz im Berufsleben sie einnehmen sollen, um Gottes Ziele zu erfüllen. Gott möchte, dass Schüler „Recht tun, Liebe üben und demütig wandeln mit [ihrem] Gott" (Micha 6,8b). Christliche Schule ist der richtige Ort, um ihnen den Weg zu weisen.

Hilf uns, Gott, durch die Leitung deines Heiligen Geistes,
unsere Schüler so in Bewegung zu bringen, dass ihr Sinn erneuert wird.
Hilf ihnen, deinen Willen zu tun, um deines Sohnes Jesus Christus willen.
Amen.

Goldgräberschulen

Man macht der Finsternis ein Ende und forscht alles vollkommen aus; selbst das Gestein, das in Finsternis und Dunkelheit liegt. Einen Schacht bricht man auf von da aus, wo man wohnt; wie vergessen, ohne ihren Fuß aufzusetzen, baumeln und schwanken sie, weit weg von den Menschen. Aus der Erde kommt zwar Speise hervor, aber unter ihr ist's wie von Feuer durchwühlt.
(Hiob 28,3-5)

Während eines großen Teils meiner Grundschulzeit schrieben meine Lehrer Mitteilungen an meine Eltern, die ungefähr so lauteten: „Ihr Sohn könnte viel mehr Fortschritte im Unterricht machen, wenn er sich mehr anstrengen würde." Ich machte große Fortschritte im Fahrradfahren und bei Mannschaftsspielen. In diesen Bereichen strengte ich mich richtig an. Nicht aber in den anderen Fächern – kein Fleiß, kein Fortschritt.

In dem herrlichen Abschnitt aus Hiob, der diese Andacht einleitet, beschreibt der Verfasser Bergleute, die sich anstrengen. Sie graben einen Schacht, in dem sie „baumeln und schwanken", alles, um die wertvollen Edelsteine und das Gold herauszuholen. Das Ergebnis dieser mutigen und zielstrebigen Tätigkeit ist eine Art Verwandlung, in Übereinstimmung mit dem Befehl unseres Gottes, über die Erde zu herrschen und die Möglichkeiten, die sie bietet, ans Licht zu bringen.

Wenn meine Grundschule mehr wie eine Goldmine gewesen wäre und ich dort mit Interesse und Zielstrebigkeit gearbeitet hätte, wäre ich vielleicht mehr darauf aus gewesen, im Unterricht Goldstücke herauszuhauen. Manchmal wurde das, was ich angefertigt hatte, im Klassenraum aufgehängt, normalerweise wurde es aber weggeworfen. Können wir „Goldgräberschulen" auf biblischer Grundlage haben, wo wertvolle Kunstwerke hergestellt werden?

Wenn ich auf meine Schulerfahrung zurückblicke, dann haben mich Tätigkeiten, in die ich persönlich eingebunden war, am meisten in meinem Lernen weitergebracht. Der Lehrer oder die Lehrerin lud mich ein, Chef meines eigenen Lernens zu sein – bei Projekten, Präsentationen und anderen Tätigkeiten, bei denen ich dafür verantwortlich war, dass am Ende anderen ein Ergebnis vorgestellt werden konnte. Meine übliche passive Haltung wich einem aktiven Interesse an den Unterrichtsthemen. Gloria Stronks und Doug Blomberg sind der Ansicht, dass alle Schulen Gelegenheiten schaffen sollten, dass Schüler auf Gottes Ansprache für ihr Leben antworten können. Wenn solche Gelegenheiten gegeben werden, so Stronks und Blomberg, dann werden Schüler „aktiv ihre Gaben auspacken, ihre Freude und ihre Lasten miteinander teilen und *Schalom* aufblühen lassen, wo immer sie können."

Doch das braucht Zeit, und davon haben Schulen offensichtlich nie genug. Einige Verantwortliche sagen: „Wir haben zu viel Unterrichtsstoff zu bewältigen, als dass wir Schülern viel Zeit zugestehen könnten, ihre Gaben auszupacken und ihre Freude und ihre Lasten zu teilen." Solche Schulen sind Orte, wo die Lerninhalte die Variablen sind und die Lernzeit die Konstante ist. Folglich werden diese Schulen oft zu Unterrichtsfließbändern, wo Schülern nur begrenzte Zeit zum Lernen zur Verfügung steht, bevor schon das nächste Thema an die Reihe kommt. Fließbänder eignen sich hervorragend zur Herstellung von Produkten, aber nicht um aktive und zielstrebige Schüler auszurüsten.

Goldgräberschulen auf der anderen Seite machen, wo immer das möglich ist, den Lerninhalt zur Konstanten und die Zeit zur Variablen. Es sind Schulen, wo zielgerichtet und aktiv gearbeitet wird und wo man weiß, dass richtiges Lernen Zeit braucht. Hier geht es beim Lernen weniger darum, Informationen zu erhalten und abzuspeichern, als vielmehr, sinnvolle Lernwege zu entdecken. Diese Schulen argumentieren, dass Schüler sich engagiert in den Unterricht einbringen, wenn sie in einem kreativen Umfeld arbeiten, das ihnen genügend Zeit für ihr Kunstprojekt oder ihr Physikexperiment gibt.

Das sind Schulen, wo Schüler „baumeln und schwanken", um in ihren Fächern Gold zu fördern, über das sich alle freuen können. Ich wünsche uns mehr Goldgräberschulen.

Nimm mein Gold und Silber hin,
lehr mich tun nach deinem Sinn;
nimm die Kräfte, den Verstand
ganz in deine Meisterhand.
(Aus einem Lied von Frances R. Havergal,
deutsch von Dora Rappard)

Über Lehrer

Was die Bibel über zwischenmenschliche Beziehungen zu sagen hat, ist wesentlich für unser Verständnis der Lehrerrolle. Lehrer teilen nicht bloß Informationen an Schüler aus; ihre Aufgabe ist es, viele pädagogische Wege zu erschließen, um Verbindungen zu ihren Schülern herzustellen. Sie sollten sich selbst als wertvolle und vielschichtige Menschen sehen, weil sie das Ebenbild Gottes an sich tragen. Ihre Schüler teilen diesen Wert und diese Vielschichtigkeit, und deshalb haben Lehrer das Vorrecht, sie als besonders wertvolle Menschen statt als Objekte, über die man Kontrolle ausüben muss, zu behandeln. In der Beziehung zwischen Lehrern und Schülern haben Lehrer eine Autorität, die sich auf ihre Berufung, Lehrer zu sein, gründet. Diese Autorität muss mit Takt und Weisheit ausgeübt werden.

Die Andachten in diesem zweiten Teil greifen die unterschiedliche Art und Weise auf, wie wir auf unsere Berufung als Lehrer antworten können. Lehrer dienen als Gastgeber, Nächster, Mentor, Hirte, Prophet, Priester und König. Um den vielen Facetten ihrer Berufung gerecht zu werden, brauchen sie die Gnade Gottes, um persönliche Begrenzungen und Unzulänglichkeiten zu überwinden und auf ihrer eigenen, unverwechselbaren Persönlichkeit aufzubauen. Diese Hilfe stellt Gott in reichem Maß denen bereit, die ihn um seine Führung bitten.

Mit Sünde umgehen

Denn alle haben gesündigt und verfehlen die Herrlichkeit,
die sie vor Gott haben sollten.
(Römer 3,23)

Ich bezweifle, dass viele Leute Lehrer werden, weil sie Umgang mit Sündern haben wollen. Trotzdem ist es eine Tatsache, dass die Sünde in ihnen selbst und in ihren Schülern die Arbeit von Lehrern bestimmt, zumindest teilweise. Sünde ist der Makel, der sich in das einschleicht, was Lehrer vorhaben und wie Schüler reagieren. Wegen der Sünde schmälern wir Wichtiges und beschönigen Unwichtiges.

Wo Sünde ist, bleibt „Schalom", das Aufblühen des Menschen, ein unerfüllter Anspruch. Nicholas Wolterstorff sagt, dass, während Lehrer Schüler darin unterweisen sollten, die Erde, Gott, andere und sich selbst zu lieben, diese Liebe ganz bestimmt zu Kummer und Sorge führen wird: „Der Hund, den ich liebe, stirbt, der geliebte Freund verändert sich, Gott, den ich liebe, wird von der dunklen Nacht der Seele verborgen, das Gemälde, das ich so sehr mag, ist zerrissen." Manchmal sind Kummer und Sorge die einzigen angemessenen Antworten darauf, dass wir die Herrlichkeit Gottes so weit verfehlen.

Sünde kann unsere Schüler zu Opfern werden lassen. Sie leiden, wenn es zu Hause nicht stimmt. Es kommt vor, dass der Klassenraum der einzige sichere Ort im Leben eines Schülers ist, wenn zu Hause Stabilität und Routine fehlen. Wenn es keine gemeinsamen Mahlzeiten gibt und liebevolle Aufsicht ausbleibt, kann es geschehen, dass ein Kind sich fragt, welche Fehler es gemacht hat, um so ein Leben auf sich zu bringen.

Was ist die Antwort darauf, dass wir die Herrlichkeit Gottes verfehlen? Lehrer haben vielfältige Möglichkeiten, sich in das kaputte Leben von Schülern einzubringen, aber leicht ist das nicht. Schüler deuten ihren Wert auf der Grundlage von Reaktionen ihrer Lehrer. Guy Dowd erzählt, wie sein Lehrer ein Bild, das Guy gemalt hatte, nicht im Klassenraum aufhängte. Er sagt: „Das habe ich so verstanden, dass nicht nur mein Kunstwerk nicht taugte, sondern auch dass ich zu nichts taugte."

Es gehört zur täglichen Realität, mit der Lehrer umgehen müssen, dass die vielen Entscheidungen, die sie treffen, von ihren Schülern missverstanden werden können. Gott sei Dank, geht es manchmal gut aus. Viele von Dowds

Lehrern zeigten ihm, dass er doch einen Wert besaß: der Sportlehrer, der ihn zum Kapitän der Fußballmannschaft machte, der Trainer, der ihm die Verantwortung über das Basketballteam übertrug, der Englischlehrer, der ihn zu einer Veranstaltung mit Billy Graham mitnahm, ein anderer Lehrer, der ihm Erlebnisse aus seinem Leben erzählte.

In unserer Laufbahn als Lehrerinnen und Lehrer werden wir immer die Gegenwart der Sünde spüren. Aber sie muss nicht dominieren, weil das Evangelium Heil bringt. Wir bleiben nicht dabei stehen, die Abwesenheit von „Schalom" zu beklagen, schreibt Wolterstorff. Es gibt etwas zu tun in unseren Klassenräumen. Unsere Schüler haben ein Potenzial, das sie mit Hilfe ihrer Lehrer entfalten können. Dafür sollten wir beten, und wenn Gott auf unsere Gebete und unsere Anstrengungen antwortet, erblicken wir die Möglichkeit eines Lebens, das nicht länger von Sünde beherrscht wird. Dann ist die Zeit gekommen, die Anwesenheit des Heils zu feiern. Die lange Nacht der Seele ist vorüber, der Morgen ist angebrochen.

... um ihn zu erkennen und die Kraft seiner Auferstehung und die Gemeinschaft seiner Leiden, indem ich seinem Tod gleichförmig werde, damit ich zur Auferstehung aus den Toten gelange. Nicht dass ich es schon erlangt hätte oder schon vollendet wäre; ich jage aber danach, dass ich das auch ergreife, wofür ich von Christus Jesus ergriffen worden bin. Brüder, ich halte mich selbst nicht dafür, dass ich es ergriffen habe; eines aber tue ich: Ich vergesse, was dahinten ist, und strecke mich aus nach dem, was vor mir liegt, und jage auf das Ziel zu, den Kampfpreis der himmlischen Berufung Gottes in Christus Jesus.

(Philipper 3,10-14)

Dem Ärger keinen Raum geben

Steh ab vom Zorn und lass den Grimm; erzürne dich nicht!
Es entsteht nur Böses daraus.
(Psalm 37,8)

Deine Gnade, o HERR, sei über uns, wie wir es von dir erhoffen!
(Psalm 33,22)

Die Warnung vor Zorn in Psalm 37 ist für Lehrer besonders wichtig. Ärger und Enttäuschung scheinen einen Lehrer auf Schritt und Tritt zu verfolgen, als gehörten sie zur Aufgabenbeschreibung. „Meine Schulleiterin versteht nicht, was ich jeden Tag durchmachen muss. Warum hat sie mir so viele schwierige Schüler zugewiesen?" „Ich muss mit so vielen Unterbrechungen im Unterricht klarkommen: Essensgeld einsammeln, es gibt zu viele Lautsprecherdurchsagen, Schüler müssen früher aus dem Unterricht gehen wegen Sportveranstaltungen. Wie kann da jemand von mir erwarten, dass ich erfolgreich unterrichte?"

Lehrer äußern oft diese und viele andere Klagen. Es gibt zu viel zu tun und zu wenig Unterstützung. Eine ganze Menge, worüber man sich aufregen kann.

Henri Nouwen beobachtet, dass unser Selbstgefühl oft davon bestimmt wird, was wir in unserem Beruf tun. Wenn das der Fall ist, sagt Nouwen, führt das unausweichlich zu Ärger und Frust. Er schreibt für Pastoren, aber was er schreibt, betrifft Lehrer genauso: „Pastoren ärgern sich über ihre Vorgesetzten, weil sie nicht leiten, und über ihre Gemeindeglieder, weil sie nicht folgen. Sie ärgern sich über die, die nicht zum Gottesdienst kommen, weil sie nicht kommen, und über die, die kommen, weil sie ohne Begeisterung kommen. Sie ärgern sich über ihre Familie, weil sie ihnen Schuldgefühle verursacht, und über sich selbst, weil sie nicht so sind, wie sie sein wollen. Das ist keine offene, unverhohlene, schreiende Wut, aber ein Ärger, der sich hinter dem sanften Wort, dem Lächeln und dem höflichen Händedruck versteckt. Es ist ein gefrorener Ärger, der sich als beißende Verbitterung festsetzt und langsam ein großmütiges Herz lähmt."

Die Ironie liegt darin, dass die große Mehrheit der Lehrerinnen und Lehrer mit einem großmütigen Herzen in ihren Beruf hineingeht. Mit der Zeit setzt für zu viele von uns die Lähmung ein. Der Psalmist sagt uns, wir sollen Zorn

---

Über Lehrer

und Ärger nicht zulassen. Wie kann das gelingen? Ich glaube, wir Lehrer sollten genau prüfen, was wir von unserem eigenen Unterrichten erwarten. Wenn wir darauf aus sind, anderen zu gefallen, werden wir bald enttäuscht sein. Andere erweisen uns nicht die Aufmerksamkeit, die wir unserer Ansicht nach verdienen. Von etwas immer mehr zu erstreben – mehr Lob, mehr Respekt von Schülern, mehr Geld – führt nie zu echter Zufriedenheit.

Ich habe einen erfahrenen Lehrer gefragt, wie er die Ärgerfalle vermieden hat. Er sagte: „Mir ist klar geworden, dass es in meiner Arbeit letztlich nicht um mich geht. Der Herr fordert mich auf, ihm treu zu sein, nicht aber, in meiner Arbeit unbedingt erfolgreich zu sein. Wenn ich wirklich Erfolg habe, ist das ein Geschenk Gottes. Er ist meine Hoffnung, meine Leistung ist es nicht."

Lehrer mit dieser Perspektive sind weniger anfällig für den Ärger und die Enttäuschung, die schließlich zu Burnout führen. Wie der Psalmist hoffen sie auf den, der zuverlässige Liebe erweist. Zu wissen, dass Gott nie aufhört zu lieben, hilft uns in den Stürmen und Untiefen unseres Lebens als Lehrer. Seine barmherzige Gegenwart macht es möglich, dass wir unseren Schülern mit derselben Liebe und Barmherzigkeit begegnen. Gott bewahrt unser großmütiges Herz.

Nimm mich bei der Hand, Vater, du bist meine Ruh,
bist des Lebens Zuflucht, Vater, winkst mir gnädig zu.
Halt mich, wenn ich sinke, gib mir festen Stand.
Lass mich nie das Ziel verfehlen, nimm mich bei der Hand.
(Johannes Haas, Copyright: Hänssler-Verlag, Neuhausen-Stuttgart)

Finde deinen Rhythmus

Denn ihr seid gestorben, und euer Leben ist verborgen
mit dem Christus in Gott.
(Kolosser 3,3)

Liebe Berufsanfänger,

bestimmt fühlt ihr euch gerade etwas unsicher. Ihr seid gut auf das Unterrichten vorbereitet, aber bis sich der erste Erfolg einstellt, fragt ihr euch sicher, ob ihr der Lehrer oder die Lehrerin sein könnt, die ihr sein wollt. Bei all den Unsicherheiten bleibt eine Gewissheit: Jesus liebt dich, und du kannst den Heiligen Geist bitten, dir beim Start deiner Laufbahn als Lehrerin oder Lehrer zu helfen. Vernachlässige nicht die Leitung des Heiligen Geistes.

Erwartungen können einen überwältigen. Du möchtest, dass die Eltern dir vertrauen, dass die Schüler dich achten, dass die Schulleitung von deiner Leistung beeindruckt ist. Andere Lehrer haben Erfolg, und du spürst den Druck, den Erwartungen aller gerecht zu werden. Außerdem musst du noch Unterrichtseinheiten planen und kreative Stunden vorbereiten. Die Schüler warten!

Als ich als Lehrer an einer weiterführenden Schule anfing, wollte ich einen Lehrer nachahmen, den ich sehr bewunderte. Dieser Lehrer übte einen großen Einfluss auf mich aus, und ich hielt ihn für ein Vorbild eines guten Lehrers. Und so übernahm ich seine Art zu unterrichten und sogar seine Eigenheiten. Aber wir waren nicht gleich, und ich lernte, dass ich nicht ein guter Lehrer und gleichzeitig so wie er sein konnte. Ich musste meinen eigenen Weg finden.

C. S. Lewis erinnert uns daran, dass unseren Weg zu finden bedeutet, uns zu verlieren. Tatsächlich gehören wir nicht uns selbst. Er sagt: „Dein wirkliches neues Selbst (das Christus und dir gehört, aber dir nur, weil es ihm gehört) zeigt sich nicht, solange du es suchst. Es tritt hervor, wenn du Ihn suchst. Klingt das seltsam? Derselbe Grundsatz gilt übrigens auch für alltäglichere Dinge. Wenn du mit anderen Menschen zusammen bist, wirst du nie einen guten Eindruck auf sie machen, solange du darüber grübelst, welchen Eindruck du auf sie machst. Auch in Kunst und Literatur wird niemand, der unbedingt durch Originalität beeindrucken will, je originell sein. Wenn du aber einfach versuchst, die Wahrheit zu sagen, wirst du in neun von zehn Fällen originell sein, ohne das überhaupt zu bemerken."

Viele Jahre nach meinem ersten Berufsjahr hatte ich einen interessanten und unkonventionellen Schüler. Mich faszinierten seine Ideen und sein Anspruch, und ich versuchte, ihn darin zu bestärken. Wenn ich ihn unterrichtete, geschah nie etwas Spektakuläres; ich gab ihm einfach ein paar Anstöße in die Richtung, die ich für verheißungsvoll hielt. Am Ende des Schuljahres traf ich seinen Vater bei der Abschlussfeier. Als ich mich ihm vorstellte, sagte er: „Ah, Sie sind der Lehrer, der an meinen Sohn glaubt." Kein Kommentar über meinen Unterricht hat mir je mehr bedeutet.

Tu, was vor deinen Füßen liegt, so gut du es kannst. Sag einfach die Wahrheit und nicht, was du glaubst, dass andere es hören wollen. Suche Jesus, und du findest bald deinen Rhythmus als Lehrer.

O Herr, vergib uns, wenn es uns darum geht, in der Achtung anderer gut dazustehen. Zeig uns, wie wir uns nicht vor dir verstecken, sondern uns in dir bergen können. Das beten wir in Jesu Namen. Amen.

Unterschiedliche Persönlichkeiten

Denn ihr sollt so gesinnt sein, wie es Christus Jesus auch war, der, als er in Gestalt Gottes war, es nicht wie einen Raub festhielt, Gott gleich zu sein, sondern er entäußerte sich selbst [und] nahm die Gestalt eines Knechtes an.
(Philipper 2,5-7a)

Ich unterrichte den Anfängerkurs in Pädagogik an unserer Hochschule. Dieser Kurs, „Einführung in das Unterrichten", zieht Studenten an, die herausfinden wollen, ob der Herr sie als Lehrer beruft. Ich sage ihnen, dass das Ziel dieses Kurses ist, ihnen zu helfen, diese Frage zu beantworten.

Oft stellen Studenten mir dann diese Frage: „Wie kann ich Lehrer werden, wo ich doch so schüchtern bin? Lehrer müssen doch Leiter sein, oder? Ich weiß nicht, wie ich eine Klasse leiten soll." Ich antworte ihnen, dass sie recht haben: Lehrer müssen tatsächlich Leiter sein. Ich füge aber hinzu, dass auch zurückhaltende Leute Lehrer sein können.

Jesus bietet uns ein Vorbild als Leiter. Er konnte drastisch auftreten, als er zum Beispiel die Geldwechsler aus dem Tempel vertrieb. Ein anderes Mal versammelte er freundlich die Kinder um sich. Paulus sagt, er wurde wie ein Diener, der sich demütigte, um die Aufgabe zu erfüllen, die sein Vater ihm gegeben hatte. Jesus war ein dienender Leiter.

Donovan Graham sagt, dass Jesus unser Vorbild ist, wenn es um die Rollen eines Lehrers geht, einschließlich der königlichen Rolle, Autorität auszuüben. „Jesus war ein dienender König", führt Graham aus, „und deshalb geschieht nichts von dem, was Lehrer tun, bloß um die Kontrolle aufrecht zu erhalten oder Autorität auszuüben. Nein, als Lehrer sollten wir unsere Autorität nutzen, um Schüler zu befähigen, all das zu sein, wozu sie geschaffen worden sind." Der Lehrer als König sollte mehr ein Befähiger als ein Herrscher sein, folgert er. Wenn aber Befähigen der Schlüssel ist, dann ist vielleicht ein ruhiger Lehrer gerade die richtige Person, um einer stillen Schülerin zu helfen, ihr Potenzial zu entwickeln. Das zu tun, ist eine königliche Sache.

Ich bitte meine Studenten gelegentlich, ihren Lieblingslehrer oder ihre Lieblingslehrerin aus der Grundschule oder der weiterführenden Schule zu beschreiben. Nur selten beziehen sie sich in ihrer Antwort auf die Persönlichkeit der Lehrkraft. Stattdessen beschreiben sie einen Lehrer,

Über Lehrer

der sich persönlich für sie interessiert hat. Diese Lehrer kamen zu ihren Fußball- oder Basketballspielen und setzten sich in der Schulcafeteria auch mal an ihren Tisch. Sie waren entschieden, wenn sie herausgefordert wurden, und fair, wenn es um Disziplin ging. Ihr eigener Unterricht war ihnen wichtig genug, um ihn lebhaft zu gestalten. Schüler bewundern solche Lehrer und fühlen sich bei ihnen gut aufgehoben.

Ich sage meinen Studenten, dass Schulen ganz unterschiedliche Lehrer brauchen: Männer und Frauen, junge und alte, laute und leise, mit unterschiedlicher ethnischer Herkunft. Schüler bringen ja dieselben Unterschiede mit, und es ist gut für sie, dienende Führung von ruhigen und forschen Lehrern zu erleben. In Gottes Vorsehung bedeutet in seinem Bild geschaffen zu sein, staunenswert, wunderbar und verschieden gemacht zu sein! Schulen sollten Stätten sein, die Unterschiede zwischen Schülern und Lehrern wertschätzen, besonders wenn diese Unterschiede dazu genutzt werden, einander zu dienen.

Erhebt den Herrn, singt ihm zur Ehr,
ihr, seine Diener, lobt ihn sehr,
die ihr in Gottes Hause steht
und demütig den Dienst verseht.
Der Herr ist gut, singt ihm zur Ehr,
weil er es wert ist, lobt ihn sehr.
Sein Volk nimmt er für sich allein;

(Aus dem englischen Psalter, Übertragung: WR)

Zuflucht

Gott ist uns Zuflucht und Stärke, als Beistand gefunden, besonders in Not.
Darum fürchten wir uns nicht, auch wenn die Erde bebt
und die Berge im Meer versinken.
(Psalm 46,2-3; NeÜ)

Wir fürchten uns nicht? Wenn die Erde und die Berge zusammenbrechen? Ich muss gestehen, wenn ich der Psalmist wäre, hätte ich diese Verse anders formuliert. Ich hätte geschrieben: „O Herr, wenn die Erde bebt und die Berge im Meer versinken, dann vergib mir bitte, wenn ich in die andere Richtung davonlaufe."

Der Psalmist klammert sich an Gott als seine Zuflucht in der Katastrophe und erklärt, er fürchte sich nicht. Wie schafft er es, solchen Frieden zu haben?

Kein Lehrer beginnt seine berufliche Laufbahn auf der Suche nach Druck, Pannen und dem Elend, das sie mit sich bringen. Trotzdem kommen die Herausforderungen: hilfsbedürftige Kinder zu lieben, die Unterrichtsplanung zu Ende zu bringen, Eltern zuzuhören, die Schulleitung zufriedenzustellen. Die Pflichten stapeln sich, und bald bebt die Erde.

Was soll man als Lehrer da machen? Eine Untersuchung hat ergeben, dass fünfzig Prozent der Lehrer in Amerika ihren Job innerhalb der ersten fünf Jahre aufgeben. Obwohl es viele Gründe dafür gibt, ist ein Hauptgrund Burnout. Andere Lehrer finden Zuflucht darin, dass sie sich bei ihren Kollegen über die Quälgeister beklagen, die in ihren Klassen hausen. Mehr Frust als Gelassenheit!

Was Lehrer aus Psalm 46 lernen können, ist, dass ein Lehrer Angst und Enttäuschung nicht allein überwinden kann. In einem späteren Vers sagt der Autor: „Jahwe, der Allmächtige, ist bei uns, der Gott Jakobs ist unsere Burg" (Vers 8). Ich habe einen Freund, der jedes Mal, wenn er einen Telefonanruf annimmt, betet: „Herr, hilf mir!" Obwohl er nicht weiß, welche Nachricht ihn erwartet, ist er ganz sicher, dass der Herr ihm helfen wird. Und das genügt ihm.

Womit wirst du heute im Unterricht konfrontiert werden? Lisa wirkt teilnahmslos, und du fragst dich, was wohl bei ihr zu Hause los ist und sie quält. Finn fällt wieder aus der Rolle, und alle seine Freunde lachen über ihn. Warum kommen Schüler unvorbereitet zum Unterricht? Warum wissen sie unsere Anstrengungen so wenig zu schätzen? Wenn die Fragen zunehmen, ist es an der Zeit, sich daran zu erinnern, dass deine Zuflucht nicht dein eigenes Können ist, sondern dass der HERR deine Zuflucht ist, ein Beistand in Zeiten der Not.

Christus Jesus, wenn alles Dunkelheit ist und wir unsere Schwachheit und Hilflosigkeit spüren, dann gib uns ein Empfinden für deine Gegenwart, Liebe und Kraft. Hilf uns, deiner schützenden Liebe und deiner stärkenden Macht vollkommen zu vertrauen, sodass nichts uns erschrecken oder beunruhigen kann, denn wenn wir nahe bei dir leben, sehen wir durch alle Dinge hindurch deine Hand, dein Ziel und deinen Willen.

Gebet von Ignatius von Loyola

Ruhe

Wie ein Hirsch lechzt nach Wasserbächen, so lechzt meine Seele, o Gott, nach dir! Meine Seele dürstet nach Gott, nach dem lebendigen Gott: Wann werde ich kommen und vor Gottes Angesicht erscheinen?
(Psalm 42,2-3)

Immer wenn ich mich mit Lehrern treffe, sage ich ihnen, dass es ihre berufliche Pflicht ist, in regelmäßigen Abständen von ihrer Arbeit wegzulaufen. Das meine ich ernst. Die Arbeit, die Lehrer tun, ist zu anspruchsvoll und zu wichtig, um sie nicht für kontinuierliche geistliche Erfrischung beiseite zu setzen. Abstand zu gewinnen ist entscheidend, um die Aufgabe ganz anzunehmen, für die Gott sie als Lehrer berufen hat.

Der Psalmist versteht das. Gott hat Hirsche dazu gemacht, zu laufen, aber er gibt ihnen auch Wasserbäche, um ihren Durst nach einem Lauf in den Wäldern zu stillen. Genauso müssen Lehrer das, was sie tun, unterbrechen, ganz gleich wie wichtig es ist, und mit Gott allein sein, damit er ihrer keuchenden Seele Ruhe gibt.

Du fragst dich vielleicht, wie das möglich ist. Lehrer kennen das Problem, zu viel zu tun zu haben und zu wenig Zeit, um es zu tun. „Wann können wir denn gehen", fragen sie, „und uns mit Gott treffen?" In der Schule, an der ich unterrichte, fällt einmal im Halbjahr der Unterricht aus, stattdessen gibt es einen Gebetstag. Ich empfehle das oder etwas Ähnliches jeder christlichen Schule. Selbst wenn nur ein halber Tag für Gebet reserviert würde, wäre das großartig.

Ich bin darauf gestoßen, dass es noch ein Problem gibt, wenn wir uns mit Gott treffen wollen. Ich wusste nicht, was ich mit einem ganzen Tag tun sollte, der für Bibellesen, Nachdenken und Gebet reserviert war. Ich hatte in meinem ganzen Leben noch nie länger als dreißig Minuten zusammenhängend gebetet! Was für den durstigen Hirsch natürlich war, löste in mir Unbehagen aus. Als ich über dieses Problem nachdachte, wurde mir klar, dass Gebet für mich ein oberflächliches Ritual geworden war, etwas, das man tat, bevor es mit der richtigen Tagesarbeit losging. Ich machte eine kurze Pause zum Beten, um Gott meinen Respekt zu erweisen, und dann machte ich mich daran, mit den Herausforderungen des Unterrichtens aus eigener Kraft fertig zu werden.

Der Theologe Henri Nouwen sagt, dass Menschen, die ihre Probleme aus eigener Kraft lösen wollen, Narren sind. Als ich meine eigene Dummheit erkannte, bat ich Gott, mir dabei zu helfen, mein Verständnis dafür, woher meine Hilfe wirklich kommt, zu verändern.

Und so hat der Herr mein Gebet erhört: Als der nächste Gebetstag kam, verließ ich meine gewohnte Umgebung und fuhr allein in den Wald. Ich legte meine Armbanduhr ab, nahm auch meine Gebetsliste nicht mit, sondern nur ein Gesangbuch und die Bibel. Im Wald war ich frei vom Telefon und von jeder Routine, und ich begann, laut zu beten, dann sang ich, dann las ich in der Bibel, und zwar laut. Allmählich wurde mein Gebet zu einem Gespräch mit Gott, in dem er Versagen und Sünden offenlegte, die ich völlig verdrängt hatte. Beten brachte sie ans Tageslicht, sodass Gott sich mit ihnen befassen konnte. Die Abfolge von Gebet, Bibellesen und Singen behielt ich bei, bis ich mich zufrieden fühlte, erfrischt von dem kühlen Trunk anhaltender Gemeinschaft mit Gott. Ich kehrte zu meinem Auto zurück und merkte, dass fünf Stunden vergangen waren. Ich war verblüfft!

Deine Weglauf-Erfahrung muss nicht in allen Einzelheiten wie meine sein, aber sie muss geistlich hilfreich sein. Gott hat dich dazu berufen, Lehrer zu sein, und er hat dir die Gaben und Fähigkeiten zum Unterrichten gegeben. Aber er hat dich nicht losgeschickt, damit du die Arbeit allein tust. Kein Wunder, dass deine Seele nach dem lebendigen Gott dürstet.

Wen habe ich im Himmel außer dir? Und neben dir begehre ich nichts auf Erden! Wenn mir auch Leib und Seele vergehen, so bleibt doch Gott ewiglich meines Herzens Fels und mein Teil.

(Psalm 73,25-26)

Gastgeber

Gewöhne den Knaben an den Weg, den er gehen soll,
so wird er nicht davon weichen, wenn er alt wird!
(Sprüche 22,6)

Ich habe überwiegend gute Erinnerungen an mein erstes Jahr als Lehrer an einer christlichen Schule. Wie viele neue Lehrer brachte ich meinen Schülern all die guten Dinge bei, die ich an der Uni gelernt hatte. Meine Schüler bereiteten mir Freude, und sie schienen mich als Lehrer zu mögen. Aber da war eine Schülerin, deren Schweigen im Unterricht ich als Respektlosigkeit und Gleichgültigkeit deutete. Jeden Tag saß sie in der letzten Reihe und sagte kein einziges Wort. In meinem verletzten Stolz versuchte ich immer wieder, sie zur Mitarbeit zu bewegen, was irgendwann dazu führte, dass sie in Tränen ausbrach. Ich hatte das Schlimmste hinter ihrem Schweigen vermutet und nicht erkannt, dass Angst, nicht Respektlosigkeit, sie gefangen hielt. Deshalb fühlte sie sich in meinem Unterricht nicht willkommen.

Ein Klassenraum ist eine Gemeinschaft junger Leute, die zusammen mit ihrem Lehrer leben und arbeiten. Wie gut gedeiht die Gemeinschaft? Einige Klassenräume werden von Liebe geprägt, andere von Angst beherrscht. Viel hängt von der Haltung des Lehrers oder der Lehrerin ab. Berücksichtigt sie die Fähigkeiten der Schüler? Übt sie mit ihnen „den Weg ein, den sie gehen sollen"? Lehrer, die ein Herz für ihre Schüler haben, wollen sie nicht wie Gegenstände behandeln, über die man Kontrolle ausübt, sondern wie Persönlichkeiten, die als Ebenbilder Gottes Respekt verdienen.

Vor Kurzem habe ich einige ehemalige Schüler christlicher Schulen nach Erinnerungen an ihre Lehrer aus der weiterführenden Schule gefragt. „Warum erinnert ihr euch an Lehrer, positiv oder negativ?", lautete meine Frage. Hier einige ihrer Antworten: „Mir gefiel an meinem Sportlehrer S., dass ich mit ihm auch außerhalb des Unterrichts Kontakt hatte." „Ich konnte Frau J. im Gang ansprechen, und sie zeigte Interesse an dem, was ich vorhatte." „Schüler halten einen Lehrer für einen Roboter, bis er ihnen das Gegenteil beweist." „Die Klarheit, mit der die Lehrerin den Stoff vermittelte, hat mir immer deutlich gemacht, dass das, was im Unterricht geschah, nützlich war. Wenn ihr Unterricht schwammig gewesen wäre, hätte ich mich nicht beteiligt, und es wäre Zeitverschwendung gewesen."

In jedem dieser Fälle gingen die Schüler davon aus, dass es Aufgabe ihres Lehrers oder ihrer Lehrerin war, eine positive Schüler-Lehrer-Beziehung zu schaffen. Wenn die Lehrerin unnahbar ist, schließen Schüler darauf, dass sie wie ein Roboter gleichgültig gegenüber ihren Bedürfnissen ist. Wenn ein Lehrer unstrukturiert unterrichtet, hören Schüler nicht mehr zu.

Parker Palmer stellte Lehrern eine ähnliche Frage: „Was ist das größte Hindernis beim Unterrichten?", fragte er. „Die Schüler!", war die häufigste Antwort. Als er nach den Gründen fragte, sagten die Lehrer, Schüler seien zu still, schlecht gelaunt, zögen sich zurück, seien kaum zu einem Gespräch fähig, und ihre Aufmerksamkeitsspanne sei zu kurz. In jedem dieser Fälle wiesen die Lehrer auf Defizite der Schüler hin, um den mangelnden Erfolg ihres Unterrichts zu erklären. Wenn die Schüler nicht zuhörten, gingen die Lehrer von einem Mangel an Respekt und Interesse aus.

Palmer erklärt, dass Schüler in der Gesellschaft eine Randgruppe seien. Die Botschaft, die sie in der Schule oft erhielten, sei, dass ihre Vorstellungen nicht viel zählten. Folglich lernten sie, den Mund zu halten. „Ihr Schweigen", betont Palmer, „rührt nicht von Dummheit oder Beschränktheit her, sondern von dem Wunsch, sich zu schützen und zu überleben."

Wer sollte die Kluft zwischen der Welt der Lehrer und der der Schüler überbrücken? Die Antwort ist immer: der Lehrer oder die Lehrerin. Er oder sie ist Gastgeber im Klassenraum mit den Schülern als Gästen. Es ist das Vorrecht des Lehrers, den Schülern Gastfreundschaft zu erweisen. Noch einmal Palmer: „Gastfreundschaft im Klassenraum erfordert nicht nur, dass wir unseren Schülern höflich und mitfühlend begegnen, sondern auch, dass wir sie mit all ihren Einsichten einladen, sich in das Gespräch einzubringen. Ein guter Gastgeber ist nicht zur höflich zu seinem Gast, ein guter Gastgeber geht auch davon aus, dass der Gast Geschichten zu erzählen hat."

Dem Lehrer, der sich für die Geschichten seiner Schüler geöffnet hat, steht eine gute Zeit bevor. Seine Schüler fühlen sich eingeladen, sich ohne Angst und Verlegenheit beim Lernen zu engagieren. Ich denke, so sollte Lernen gehen.

HERR, vergib uns, wenn wir Schüler nicht willkommen heißen. Hilf uns, sie als Persönlichkeiten und nicht wie Gegenstände zu behandeln. Amen.

Mentor

Wie goldene Äpfel in silbernen Schalen, so ist ein Wort, gesprochen zur rechten Zeit. Wie ein goldener Ring und Schmuck aus feinem Gold, so passt eine weise Mahnung zu einem aufmerksamen Ohr.
(Sprüche 25,11-12)

Nicht alle Stimmen sind es wert, dass man auf sie hört, aber es gibt Freunde, die einem nah genug stehen, um einen zu ermutigen, zu trösten und sogar zurechtzuweisen. Auf solche Freunde kann man sich verlassen. Ihre Worte können für das Ohr so angenehm sein wie feiner Silber- oder Goldschmuck für das Auge. Diese Worte kommen vom HERRN, und ich glaube, sie sind eine Art, wie der HERR uns seine Liebe zeigt. Er gibt uns Freunde, die uns im Leben helfen. Vor allem Lehrer brauchen solche Freunde.

Lehrer an christlichen Schulen, die verstehen, dass sie zum Leib Jesu gehören, haben einen besonderen Grund, einander zu helfen. Ihre Liebe zu Jesus verbindet sie mit denen, die Jesus liebt. Sie wissen, dass Unterrichten eine einsame, sogar beängstigende Aufgabe sein kann, vor allem für Lehrer am Anfang ihrer Laufbahn. Junge Lehrer brauchen passende Worte von erfahrenen Lehrern, selbst wenn diese Worte als ein Tadel gesprochen werden, und erfahrene Lehrer müssen sich daran erinnern, dass sie selbst einmal Anfänger waren, die zu kämpfen hatten.

Eine Geschichte aus meinem ersten Jahr als Lehrer am College veranschaulicht die Aussage unseres Verses aus den Sprüchen. Ich musste meine Doktorarbeit noch fertigstellen und mehrere neue Kurse vorbereiten; so kam es, dass mein erstes Jahr zu einem ziemlichen Durcheinander geriet. Alles, was ich in diesem Jahr tat, erschien irgendwie unfertig. Ich unterrichtete nicht gut, und die Studenten lernten nicht gut. Ich wusste, ich hatte ein ernsthaftes Problem.

Am Ende des Frühlingssemesters traf ich mich mit einem Kollegen, dessen Position es ihm ermöglichte zu erkennen, wie die Dinge liefen. Er fasste meine Probleme zusammen: hastige Kursplanung und ein Mangel an Klarheit und Struktur in meinen Vorlesungen. Je mehr er redete, desto schlechter fühlte ich mich. Dafür all die Jahre Studium, dachte ich. Es tat weh, die Wahrheit ausgesprochen zu hören. Aber dann sprach er diese Worte zu mir: „Ich weiß, dass du zu kämpfen hast, aber hör mir zu: Ich glaube an dich. Ich will, dass du hier bleibst."

Der Schmerz dieses ersten Jahres ließ langsam nach, aber seine Worte sind mir immer noch so gegenwärtig, als hätte er sie heute Morgen gesprochen. Er glaubte an mich, und das machte den ganzen Unterschied aus. Langsam begann auch ich, an mich als Lehrer zu glauben. Immer noch kommen mir Zweifel, aber dann erinnere ich mich an seine Worte an mich in diesem turbulenten ersten Jahr.

Wer als Lehrer anfängt, braucht einen Mentor, der ihm regelmäßig weise Worte sagt. Die Schulleitung kann dabei helfen, indem sie Anfänger für informelle Gespräche über Unterricht erfahrenen Kollegen zuordnet. Das schafft einen Rahmen für neue Lehrer, um offen über Sorgen zu sprechen, und für Mentoren, um einsichtige Ratschläge zu geben. Solche Schulen schaffen einen Raum, um „goldene Äpfel" miteinander zu teilen.

Mentoren und Auszubildende sind Partner in einem alten Tanz der Menschheit, und eine der großen Vorzüge des Unterrichtens ist die tägliche Gelegenheit, wieder auf die Tanzfläche zu kommen. Es ist der Tanz der Generationen in Bewegung, in dem die Alten die Jungen mit ihrer Erfahrung und die Jungen die Alten mit neuem Leben stärken und dabei, wenn sie sich berühren und drehen, den Stoff, aus dem menschliche Gemeinschaft besteht, neu weben.

(Parker Palmer)

Der Nächste

Du sollst nicht Rache üben, noch Groll behalten gegen die Kinder deines Volkes, sondern du sollst deinen Nächsten lieben wie dich selbst! Ich bin der HERR.
(3. Mose 19,18)

Wer ist dein Nächster? Philip Cary wendet die Anweisung aus dem obigen Bibelvers auf Lehrer an. „Unterrichten ist schwer", sagt er, „weil Nächstenliebe schwer ist." Hast du das schon einmal empfunden? Manchmal ist es leichter, Schüler allgemein zu lieben als die Schüler der eigenen Klasse.

An der Hochschule, an der ich lehre, fordere ich meine Lehramtsstudenten auf, sich vom Lehrerzimmer fernzuhalten, wenn sie in ihre Schule kommen. Ich weise sie darauf hin, dass viel zu oft das Lehrerzimmer ein Ort des Zynismus und des Ärgers ist, wo Lehrer ihren Frust über Schüler ablassen. Schüler verhalten sich schlecht, und Lehrer reagieren darauf. Niemand wird Lehrer, um ärgerlich und verbittert zu werden, aber leider landen zu viele Lehrer gerade dort. Man kann viel über die Kultur einer Schule herausfinden, indem man das Lehrerzimmer besucht.

Natürlich gibt es viele barmherzige Samariter an der Schule. Sie geben sich ganz besondere Mühe, um Schülern aus ihrer Verwirrung oder Gleichgültigkeit herauszuhelfen. Das sind Lehrer, die die Lernbedürfnisse ihrer Schüler ermitteln, statt sie aufzugeben. Sie sehen ihre Schüler als Nächste, die Wertschätzung verdienen, statt als Objekte, die gesichtet, geprüft und dann je nach ihrer Leistung akzeptiert oder abgelehnt werden.

Morgens vor dem Unterricht setzt sich ein Lehrer, den ich kenne, auf den Platz jedes seiner Schüler und betet namentlich für ihn oder sie. Er sagt, er kann nie mehr so wie vorher über seine Schüler denken, nachdem er dort gesessen hat, wo sie sitzen. Ohne Zweifel sind sie mehr wie Nächste für ihn, nachdem er für sie gebetet hat.

Ein anderes Problem, das die „Nachbarschaft", das Miteinander mit den Nächsten, beeinträchtigt, ist die Unwissenheit der Schüler. Mit ihrem jungen Verstand wissen sie nicht so viel, und eine Klasse ist daher nicht eine Gemeinschaft von Gleichen, weder in Bezug auf Wissen noch auf Weisheit. Cary vergleicht einen ungeschulten Verstand mit einem verschwommenen Foto. Der Versuch, eine Schülerarbeit zu beurteilen, der eine klare

Ausrichtung fehlt, ist wie der Versuch, die Einzelheiten auf einem unscharfen Foto zu erkennen. Es erfordert manchmal große Anstrengung, Gedanken von Schülern nachzuvollziehen, und ein Lehrer, der das tun will, muss geduldig sein. „Der Wille, mit Anstrengung nach Mustern und Einsicht in der Unschärfe zu suchen – das ist Liebe", sagt Cary. „Es ist die Liebe zur Wahrheit im Dienst der Nächstenliebe."

Es wäre wunderbar, wenn die Mühe, die sich ein Lehrer an einer christlichen Schule gibt, immer dadurch belohnt würde, dass seine Schüler darin wachsen, es wertzuschätzen, die Wahrheit zu lernen. Das erfordert normalerweise Zeit und passiert oft nicht auf vorhersagbare Weise. In der Zwischenzeit beten und arbeiten Lehrer täglich für die Schüler in ihrer Obhut. Sie wissen, dass Liebe bedeutet, den Nächsten nicht aufzugeben.

Der Gesetzesgelehrte wollte sich rechtfertigen; deshalb fragte er Jesus: „Und wer ist mein Nächster?" Jesus antwortete: „Wer war der Nächste dessen, der in die Hände von Räubern gefallen ist?" Der Gesetzesgelehrte antwortete: „Derjenige, der ihm Barmherzigkeit erwiesen hat." Jesus sagte ihm: „Dann geh und mach es genauso."

(Aus dem Gleichnis vom barmherzigen Samariter,
Lukas 10.25-37; bearbeitet)

Priester

Darum, meine geliebten Brüder, sei jeder Mensch schnell zum Hören,
langsam zum Reden, langsam zum Zorn; denn der Zorn eines Mannes
vollbringt nicht Gottes Gerechtigkeit!
(Jakobus 1,19-20)

Niemand, der ein Leben in stiller Besinnlichkeit führen möchte, sollte Lehrerin oder Lehrer werden. Das Missverhältnis, das ein Lehrer erlebt, ist, dass es vieles gibt, woran man denken muss, aber zu wenig Ruhe, überhaupt zum Denken zu kommen. Jeden Tag müssen Entscheidungen getroffen werden – mitten im Durcheinander des Klassenraums. Der häufige Vergleich eines Klassenraums mit einem Affenzirkus ist nicht weit von der Wahrheit entfernt: Eine Schülerin hat die Einverständniserklärung für den Ausflug vergessen, ein Schüler möchte wissen, wann er die Klassenarbeit nachschreiben kann, die er letzte Woche verpasst hat, die hintere Reihe spielt verrückt, und die Klasse hinkt dem Mathe-Lehrplan zwei Wochen hinterher. Was soll man als Lehrer da machen?

Bei dem Druck, dem Lehrer ausgesetzt sind, ist es leicht, schnell zum Reden und langsam zum Hören zu sein. Der Schulleiter, die Eltern und die Schüler erwarten, dass du das Kommando übernimmst. Sag was! Triff eine Entscheidung!

Donovan Graham sagt, dass das Kommando zu übernehmen nur eine der Rollen eines Lehrers sei. Ja, sie ist wichtig, aber sie beschreibt seine Tätigkeit nur unvollständig. Eine andere Rolle, sagt er, ist die eines Priesters. Der Lehrer als Priester verwendet sich für seine Schüler, indem er für sie betet, ihnen zuhört, sie tröstet oder, falls nötig, zur Rede stellt.

Eine meiner ehemaligen Studentinnen hat gleich in ihrem ersten Jahr als Lehrerin die Bedeutung der priesterlichen Rolle erfahren. Julia war in Klasse 8 und irgendetwas stimmte nicht mit ihr. Plötzlich war dieses lebhafte und lustige Mädchen mürrisch und verschlossen geworden. Normalerweise sah Julia gepflegt aus, inzwischen wirkte sie verwahrlost.

Die neue Lehrerin war versucht, Julia zurechtzuweisen. Der Druck des Alltags war groß, und Julias übles Verhalten war ein zusätzliches Ärgernis. Aber der HERR erwies ihr die Gnade, ihre Zunge zu bremsen und Julia zuzuhören, allerdings nicht ihren mürrischen Worten. Stattdessen „hörte" sie auf Julias Körpersprache, die Bände sprach über ein Problem in ihrem Leben.

Sie schien wie von einem Deckel verschlossen. Beim Mittagessen gelang es der Lehrerin, mit Julia in einer ruhigen Ecke zu reden. Zuerst sprach Julia langsam, dann brachen die Worte immer schneller aus ihr heraus. Ihr Stiefvater war gewalttätig geworden, und Julia war das Opfer von Beschimpfungen und körperlicher Misshandlung geworden. Die Lehrerin unternahm schnell Schritte, um Julia Hilfe zukommen zu lassen, und begab sich mit ihr auf den langen priesterlichen Weg zur Heilung.

Dass ein Lehrer oder eine Lehrerin ständig zu tun hat und entscheiden muss, das bleibt. Die Klasse braucht Anweisungen, und der Lehrer muss sie führen. Aber zu führen heißt nicht, zum Tyrann zu werden, einen herrschen Geist einer Klasse aufzubürden, die sich duckt. Ein weiser Lehrer ist auch ein Priester, der schnell zum Hören und langsam zum Reden ist – und zum Glück auch langsam zum Zorn.

Wie goldene Äpfel in silbernen Schalen, so ist ein Wort,
gesprochen zur rechten Zeit.

(Sprüche 25,11)

Hirte

Eine sanfte Antwort wendet den Grimm ab,
ein verletzendes Wort aber reizt zum Zorn.
(Sprüche 15,1)

Halte fest an der Unterweisung, lass sie nicht los;
bewahre sie, denn sie ist dein Leben.
(Sprüche 4,13)

Weil sie frustriert und sauer war, schrieb Lisa über ihre Klassenarbeit: „ICH HASSE MATHE!!" und gab sie ihrer Lehrerin, Frau Schmidt, ab. Normalerweise war Lisa eine höfliche Sechstklässlerin, aber ihre Laune hatte sie überwältigt. Jetzt standen diese drei Worte als eine Geste des Trotzes über ihrer Arbeit, und ihre Mathelehrerin sollte sie lesen.

Was soll Frau Schmidt mit Lisa tun? Soll sie selbst ärgerlich reagieren und sie zur Strafe aus dem Raum schicken? Soll sie nichts sagen, in der Hoffnung, dass, wenn sie Lisas Respektlosigkeit ignoriert, Lisas Gereiztheit vorübergeht und alles gut wird? Schließlich sind Lisas Worte keine große Sache, oder?

Donovan Graham führt aus, dass ein Lehrer sich um seine Schüler kümmern soll wie ein Hirte um seine Schafe. Der Hirte bleibt geduldig, auch wenn seine Schafe sich dumm verhalten. Wenn er die Selbstbeherrschung verliert, erschreckt sie das, und das ist bei Schülern genauso. Schüler brauchen Führung, manchmal sogar Zurechtweisung, aber nie schroffe Worte von Lehrern. „Ein Hirte fügt den Schafen nie Schaden zu, und genauso muss ein Lehrer die Würde seiner Schüler bewahren, wenn er sie korrigiert und ihnen Anweisungen gibt," sagt Graham. Manchmal kann eine sanfte Antwort Zorn abwenden und die Würde des Schülers bewahren.

Als Frau Schmidt sich Lisas Mathearbeit ansah, war sie bestürzt. Lisas Worte „ICH HASSE MATHE" passten nicht zu ihr. Deshalb antwortete die Lehrerin: „Lisa, das hast du nicht so gemeint, oder?" Die Lehrerin hatte sich entschlossen, es nicht zur Konfrontation kommen zu lassen und Lisa die Gelegenheit zu geben, es sich noch einmal zu überlegen.

Lisa, heute längst erwachsen, erinnert sich gut an ihre Antwort. Sie schreibt: „Ich war dankbar, dass sie der Klasse gegenüber nicht publik machte, was ich geschrieben hatte, und versank in meinem Stuhl. ‚Nein', sagte ich leise.

Über Lehrer

Meine Lehrerin blickte beunruhigt auf. Mehr war nicht nötig. Ich ging zu ihr nach vorn und strich den unfreundlichen Satz auf meiner Klassenarbeit durch." Später unterhielten Lehrerin und Schülerin sich unter vier Augen, aber der entscheidende Akt des „Hütens" geschah, als Frau Schmidt auf Lisas feindselige Worte sanft reagierte.

In der Schule kommt die ganze Bandbreite menschlicher Emotionen zum Vorschein. Viele dieser Emotionen sind positiv und spiegeln gute Beziehungen und gute Arbeit wider. Unreife Schüler aber können sich untereinander streiten oder ihren Ärger an Lehrern auslassen. Unreife Lehrer lassen es zu, dass ihr Selbstwertgefühl davon bestimmt wird, wie ihre Schüler auf sie reagieren. Solche Lehrer werden leicht ärgerlich und reagieren mit schroffen Worten, wenn ihre Schüler sich schlecht benehmen. Frau Schmidt zeigte die Einsicht, auf weise Art Autorität auszuüben, und widerstand der Versuchung, es Lisa mit gleicher Münze heimzuzahlen. Sie zeigte Lisa einen Weg, an dem sie sich ohne Beschämung halten konnte, und das hat Lisa nie vergessen.

Glückselig sind die Barmherzigen, denn sie werden Barmherzigkeit erlangen.
Glückselig sind, die reinen Herzens sind, denn sie werden Gott schauen.
Glückselig sind die Friedfertigen, denn sie werden Söhne Gottes heißen.

(Matthäus 5,7-9)

Selbstwertgefühl

Furcht ist nicht in der Liebe, sondern die vollkommene
Liebe treibt die Furcht aus.
(1. Johannes 4,18a)

Alle eure Sorge werft auf ihn; denn er sorgt für euch.
(1. Petrus 5,7)

Aufgebracht und verärgert – vor allem über mich selbst – ging ich aus der Klasse. Etwas hatte in der Klasse, die ich gerade unterrichtet hatte, nicht geklappt. Auf das Material, das ich für herausfordernd und wichtig hielt, reagierten sie mit hängenden Schultern und starrem Blick. Was war schiefgelaufen?

Ein Teil der Antwort ist, dass Unterrichten mehr eine Kunst als eine Wissenschaft ist. Es gibt keine fertigen Rezepte für das Unterrichten, die Erfolg garantieren, genau so wenig wie für das Backen eines perfekten Brotes oder das Spielen eines Stücks von Chopin mit all dem Geschick und Gefühl, das es verdient. Unterrichten ist harte Arbeit, und manchmal klappt es nicht gut.

Für viele Lehrer, mich eingeschlossen, ist eine andere Macht am Werk, die Unterrichten verkompliziert. Wenn uns im Klassenraum etwas misslingt, steht mehr auf dem Spiel als nur ein paar schmerzhafte Minuten. Für viele von uns steht unser Selbstwertgefühl auf dem Spiel. Parker Palmer sagt, Angst sei daran schuld. „Wenn eine Unterrichtsstunde, die schlecht läuft, zu einem gnädigen Ende kommt, mache ich mir noch lange, nachdem sie vorbei ist, Sorgen. Ich befürchte, ich bin nicht nur ein schlechter Lehrer, sondern ein schlechter Mensch – so stark hängt mein Selbstwertgefühl von der Arbeit ab, die ich tue." Schüler haben Angst, aufgerufen zu werden und die Antwort nicht zu wissen. Lehrer haben Angst vor dem Schweigen der Schüler auf ihre Fragen. Was passiert als nächstes?

Die Bibel sagt uns, dass vollkommene Liebe die Furcht austreibt. Furcht muss den Klassenraum nicht beherrschen, in dem es Liebe gibt. Woher kommt vollkommene Liebe? Johannes sagt, dass diejenigen, in denen der Heilige Geist wohnt, fähig sind zu lieben. „Wir lieben, weil er uns zuerst geliebt hat", schreibt er.

Ich finde, dass, wenn ich für die Hilfe des Heiligen Geistes im Unterricht bete und meine Schüler bitte, das auch zu tun, mein Empfinden deutlich abnimmt, dass der Erfolg des Unterrichts von mir abhängt. Sowohl übersteigertes Selbstvertrauen als auch irrationale Ängste lassen nach, wenn es meine Erwartung ist, dass der Heilige Geist anwesend sein und in unserer Mitte arbeiten wird.

Die Ironie beim Unterrichten ist, dass an Tagen, an denen ich zufrieden aus der Klasse gehe, weil alles gut gelaufen ist, ich mir den Erfolg gern selbst zuschreibe. Ich beglückwünsche mich, weil ich so ein toller Lehrer bin, und vergesse das Wirken des Heiligen Geistes. Am Ende herrscht dann Stolz statt Dankbarkeit vor. Zwangsläufig leidet dann die nächste Unterrichtsstunde unter meinem übersteigerten Selbstvertrauen, das daraufhin von einer neuen Runde Furcht ersetzt wird. Wie schaffe ich es, nicht zu tun, was ich nicht tun sollte, und zu tun, was ich tun sollte? Ich brauche ein besseres Gedächtnis! Je länger ich unterrichte, umso mehr bete ich: „O HERR, die meiste Zeit ist mein Verständnis des Stoffes so dürftig, dass ich nicht sicher bin, wie ich unterrichten soll, und ich weiß auch nicht wirklich, was meine Schüler brauchen. Lass doch den Heiligen Geist meine schwachen Bemühungen nutzen und etwas Rundes daraus machen." Wenn ich so bete, fühle ich mich bereit zu unterrichten. Ich habe gelernt, dass der, auf den ich meine Sorgen geworfen habe, für mich sorgt.

Welch ein Freund ist unser Jesus,
o wie hoch ist er erhöht!
Er hat uns mit Gott versöhnet
Und vertritt uns im Gebet.
Wer mag sagen und ermessen,
wieviel Segen uns entgeht,
wenn wir nicht zu ihm uns wenden
und ihn suchen im Gebet!

Sind mit Sorgen wir beladen,
sei es frühe oder spät,
hilft uns sicher unser Jesus,
fliehn zu ihm wir im Gebet.
Sind von Freunden wir verlassen
und wir gehen ins Gebet,
o so ist uns Jesus alles:
König, Priester und Prophet.

(Englischer Liedtext von Joseph M. Scriven, deutsch von Ernst Gebhardt)

In der Schule ein neues Lied

Worte

Eisen schärft Eisen; ebenso schärft ein Mann den anderen.
(Sprüche 27,17)

Nach Matthew Henry hat Sprüche 27,17 zwei Stoßrichtungen: Gute Gespräche schärfen den Verstand von Menschen, sagt er, aber „die Begierden und Leidenschaften schlechter Menschen werden durch den Umgang mit schlechten Menschen geschärft." Lehrer leben in einer wortreichen Welt voller Gespräche über gewichtige Themen. Sie reden den ganzen Tag lang mit Schülern, Kollegen und Eltern. Wenn es gut läuft, sprechen Lehrer ermutigende, aufbauende und sogar zurechtweisende Worte. Das sind gute Worte, geeignet, schwerfällige Schüler gelenkig und gescheit zu machen. Mir hat einmal eine Lehrerin gesagt, ich könnte ein Spitzenschüler sein, wenn ich anfinge, mit Fleiß zu lernen. Ich war beeindruckt; meine Lehrerin hatte eine höhere Meinung von meinem Potenzial als ich selbst, und sie weckte den Wunsch in mir, ihren Erwartungen gerecht zu werden. Ja, Eisen schärft Eisen.

Auch zynische Worte schärfen. Sie enthalten eine Art von Spitze, die ein verärgerter Lehrer verwenden kann, um zu verletzten und zu demütigen. Ein besonnener Lehrer meidet die Versuchung, nach Schülern zu schlagen, ganz gleich wie frustriert er ist. Aber das kann sich im Lehrerzimmer ändern. Dort brechen die aufgestauten Emotionen des Tages heraus wie ein Vulkan und spucken eine Flut ärgerlicher Worte aus. „Ihr glaubt ja nicht, was Georg für einen Unsinn im Unterricht redet. Er kapiert es einfach nicht, und er wird es nie kapieren." Solch eine Sprache lädt dazu ein, noch eins draufzusetzen: „Ich weiß, ich hatte ihn letztes Jahr. Sogar seine Schwester ist fitter als er, und ihr wisst ja, wie die ist." Nach diesem Ausbruch ist es für alle im Lehrerzimmer schwer, über Georg noch gut zu denken. Georg ist jetzt ein Problem, das man ertragen muss. Eisen schärft Eisen.

Um der schädlichen Wirkung des Lehrerzimmers auszuweichen, gehen viele Lehrer nicht dorthin. Sie verzehren ihr mitgebrachtes Essen im Klassenraum, oder sie setzen sich in der Mensa zu Schülern. Das sind gute Alternativen, aber sie gehen auf Kosten der Gespräche mit Kollegen. Was christliche Schulen brauchen, ist eine Strategie, um das Lehrerzimmer wieder für aufbauende Gespräche zu erobern. Hier sind zwei Vorschläge:

Über Lehrer

1. Rede im Lehrerzimmer nicht über Schüler. Ihre Privatsphäre und ihr guter Name werden durch dein Schweigen geschützt. 2. Nutze die Zeit, um Kollegen um Hilfe zu bitten. Du kannst deine Schüler nicht für quadratische Gleichungen begeistern? Vielleicht kann ein Kollege dir helfen. Wir mögen es alle, wenn wir um Rat gefragt werden, und wo könnte man besser fachliche Fragen besprechen als im Lehrerzimmer?

Zu anderen Gelegenheiten reichen ein einfaches Lächeln und die freundliche Aufmerksamkeit eines Kollegen oder einer Kollegin aus. Von jemandem geschätzt zu werden, der den täglichen Druck des Unterrichtens versteht, das ist ein schärfendes Eisen, das man dankbar annimmt.

Lasst uns festhalten am Bekenntnis der Hoffnung, ohne zu wanken – denn er ist treu, der die Verheißung gegeben hat –, und lasst uns aufeinander achtgeben, damit wir uns gegenseitig anspornen zur Liebe und zu guten Werken, indem wir unsere eigene Versammlung nicht verlassen, wie es einige zu tun pflegen, sondern einander ermahnen, und das umso mehr, als ihr den Tag herannahen seht!

(Hebräer 10,23-25)

Im Glauben leben

O welche Tiefe des Reichtums sowohl der Weisheit als auch der Erkenntnis Gottes! Wie unergründlich sind seine Gerichte, und wie unausforschlich seine Wege! Denn wer hat den Sinn des Herrn erkannt, oder wer ist sein Ratgeber gewesen? Oder wer hat ihm etwas zuvor gegeben, dass es ihm wieder vergolten werde? Denn von ihm und durch ihn und für ihn sind alle Dinge; ihm sei die Ehre in Ewigkeit! Amen.
(Römer 11,33-36)

Ich glaube, die stärkste Frustration für mich als Lehrer entsteht durch Unbeständigkeit. Ich mag Klassen, in denen ich merke: Die hören wirklich zu! Sie haben ihre Trägheit abgelegt, und alle schauen mich an. An das, was ich zu sagen habe, schließen sich scharfsinnige Schülerfragen und eine handfeste Diskussion an. Am Ende verlassen die Schüler den Raum mit neuen Einsichten und vielleicht für das nächste Mal noch besseren Fragen. Ihr geistiger Horizont ist erweitert worden.

Ich verlasse solch eine Klasse in der Hoffnung, endlich herausgefunden zu haben, wie ich ein guter Lehrer sein kann. Die Fehler der Vergangenheit liegen hinter mir, und ich werde auf der Lehrmethode aufbauen, die sich als so erfolgreich erwiesen hat. Aber beim nächsten Mal ist nichts wie vorher. Meine Fragen gehen ins Leere, und die Blicke der Schüler bleiben ausdruckslos. Die Ideen, die mir so spannend vorkamen, erscheinen banal und uninteressant. Ich glaube, ich wünsche mir das Ende der Stunde noch mehr herbei, als die Schüler es tun.

Unbeständigkeit ist ein grundlegender menschlicher Zug. In einem Basketballspiel erzielt ein Spieler dreißig Punkte, im nächsten keinen einzigen. Wir sind nicht perfekt, und so kriegen wir es nie richtig hin, ob wir Basketball spielen, eine Klasse unterrichten oder irgendeinen anderen Beruf ausüben. Wir Menschen täten gut daran, unsere Begrenzungen zu akzeptieren.

Weshalb frustriert mich dann meine Unbeständigkeit als Lehrer? Warum akzeptiere ich sie nicht in dem Wissen: So ist das Leben? Ich glaube, das ist so, weil mein Selbstwertgefühl eng daran geknüpft ist, dass ich im Klassenraum gut bin. Ich will, dass meine Schüler gut über mich denken. Ich will, dass sie dankbar für das sind, was sie in meinem Unterricht lernen.

Das Ergebnis ist, dass Unterrichten für mich zur Achterbahnfahrt der Gefühle wird, mal Euphorie, mal Enttäuschung, immer in Abhängigkeit von den Reaktionen der Schüler.

Cornelius Plantinga mahnt, dass wir in eine Falle geraten, wenn wir unseren Wert über die Qualität unserer Leistung bestimmen. „Das ist der Angriff des Teufels auf Gottes Gnade", sagt er. In seiner Gnade hat Gott uns in seinem Bild erschaffen, und täglich rüstet er uns mit Kraft für unsere Arbeit aus. Wenn Unterrichten eine Freude ist, kommt das aus Gottes Hand. Wenn Unterrichten schwierig ist, hält Gottes Hand uns immer noch aufrecht. Es geht gar nicht um uns.

Gott beruft uns zu einem Leben im Glauben, in dem wir versuchen, unsere Geschichten mit all ihren Brüchen im Zusammenhang seiner größeren Geschichte zu sehen. Das sollte alle Lehrer ermutigen, denn von ihm und durch ihn und für ihn sind alle Dinge.

O HERR, ersetze meinen Kummer durch Hoffnung, wenn mir etwas
misslingt, und meinen Stolz durch Dankbarkeit, wenn ich Erfolg habe.
Gib mir die Gnade, meinen Wert als ein Geschenk von dir zu sehen.
Darum bitte ich in Jesu Namen. Amen.

Rempeleien

Und Jesus ging in den Tempel Gottes hinein und trieb alle hinaus, die im Tempel verkauften und kauften, und stieß die Tische der Wechsler um und die Stühle der Taubenverkäufer. Und er sprach zu ihnen: Es steht geschrieben: „Mein Haus soll ein Bethaus genannt werden!"
Ihr aber habt eine Räuberhöhle daraus gemacht!
(Matthäus 21,12-13)

Bei Prügeleien dazwischen zu gehen, gehört zur Aufgabe von Lehrern. „Er hat mich gestoßen!" „Ey, du hast es verdient, Mann!" Und dann muss der Lehrer eingreifen und die Kampfhähne trennen. Ein Teil der Arbeit eines Lehrers ist eine Art „Rempelei-Patrouille". Wie kommt das? Schüler wehren sich, wenn ihre persönliche Schutzzone verletzt wird, und dann entstehen Konflikte.

Theodore Sizer weist darauf hin, dass Anrempeln eine Art Übergriff ist, bei dem Schüler ungebeten in die Schutzzone von Mitschülern eindringen. Hänseln, Stehlen, schmutzige Witze und Unhöflichkeit sind genauso sehr eine Rempelei wie ein körperlicher Stoß. Schüler können durch viele Arten von Rempelei verletzt werden.

Ist alles Anrempeln schlecht? Überhaupt nicht! Lehrer müssen in das Leben ihrer Schüler eingreifen, selbst wenn sie nicht darum gebeten werden. Sizer sagt, Lehrer sollten „ihres Bruders Hüter" sein, weil manchmal das Eindringen in eine persönliche Schutzzone der beste Weg ist, um Schülern Fürsorge zu erweisen und Interesse zu zeigen.

Ein Lehrer fordert einen ungepflegten Mittelstufenschüler auf, sich zu waschen. Eine Lehrerin ermahnt einen leicht beeinflussbaren Schüler der Oberstufe, er solle nicht so viel Zeit mit Leuten verbringen, die ihn auf die schiefe Bahn bringen. Um einzuwirken, wo es nötig war, sind beide Lehrkräfte das Risiko eingegangen, dass ihnen ihre Äußerung übelgenommen wurde. Normalerweise erkennen Schüler schnell den Wert solcher Offenheit von Lehrerinnen oder Lehrern, aber nicht immer.

Ein Schüler berichtet von einer anderen Art Stoß durch einen Lehrer. Nach der Stunde fragte ihn sein Lehrer, warum er nicht Farbe bekannt habe bei dem Thema, das an diesem Tag diskutiert wurde. Der Lehrer forderte ihn heraus: „Du musst Stellung beziehen zu diesen wichtigen Fragen und bereit sein, deine Sicht mit Argumenten zu verteidigen." Gute Erziehung ist manchmal mit fachlichem „Anrempeln" verbunden.

Wo wäre solches Anrempeln besser am Platz als in einer christlichen Schule? Wenn schlechtes Verhalten von Schülern zu Schubsen und Streit führt, kann ein weiser Lehrer einen Ausweg zeigen. Wenn es einfacher scheint, wegzuschauen, wird sich ein aufmerksamer Lehrer zum Besten seiner Schüler ihnen entgegenstellen. Jesus selbst hat die Tische der Geldwechsler umgestoßen, statt einfach vorbeizugehen.

Christliche Schulen sind keine konfliktfreien Zonen, aber sie verfügen über die Mittel, mit Konflikten vernünftig umzugehen. Gute Schulen fangen sogar einen Kampf an, um Schüler in die richtige Richtung zu stoßen. Das ist eine Art, Schülern zu zeigen, dass sie dazugehören.

HERR, gib uns den Mut, unsere Schüler auf einen guten Weg zu stoßen,
auch wenn das einmal bedeutet, dass wir uns ihnen entgegenstellen müssen.
Ihr Wohl und ihre Zukunft sind uns nicht gleichgültig.
HERR, segne sie und segne uns. Amen.

Über Schüler

Dass Schüler staunenswert, wunderbar und unterschiedlich gemacht sind, ist für den Lehrer gleichzeitig eine Freude und eine Herausforderung. Gott hat sie als rationale, soziale, emotionale, körperliche und geistige Wesen geschaffen, und Lehrer – weil sie Leiter sind – haben die Möglichkeit, alle diese Züge weiterzuentwickeln.

Wir können uns über Schüler freuen, die Neugier auf das, was sie lernen, und Freude über ihren Lernerfolg zeigen. Aber die Angst zu versagen ist immer da, weil Schüler in einer Welt aufwachsen, die den Wert eines Menschen über seinen Erfolg definiert. Auch Ärger und sündige Einstellungen können den Lernprozess beeinträchtigen. Ein weiser Lehrer führt Schüler zu dem Verständnis, dass sie wertvoll sind, weil Gott sie liebt, und das befähigt sie, mit einer Dankbarkeit zu antworten, die ihr Lernen positiv gestalten kann.

Die Andachten in diesem dritten Teil erkunden die vielen Dimensionen dessen, was es heißt, Schüler zu sein, und wie Lehrer ihre Schüler zu einem Leben im Dienst für Gott und in der Freude an ihm führen können.

Schüler sündigen!

O Gott, sei mir gnädig nach deiner Güte; tilge meine Übertretungen nach deiner großen Barmherzigkeit! Wasche mich völlig rein von meiner Schuld und reinige mich von meiner Sünde.
(Psalm 51,3-4)

Sünde und christliche Schule: Obwohl sie nicht in der Schulbroschüre vorkommt, ist Sünde ganz eindeutig ein Teil von christlicher Schule. Warum verhalten sich Schüler gehässig zueinander? Ein Lehrer beobachtet, wie ein Drittklässler einem anderen Kokosflocken anbietet. Sie entpuppen sich schließlich als Seifenflocken. Ein Dummejungenstreich? Manchmal ist die Linie zwischen einem Scherz und einer Gemeinheit ziemlich dünn. Eine Mutter macht sich Sorgen, weil ihre Tochter, eine Fünftklässlerin, nicht mehr zur Schule gehen will. Die Tochter sagt, ihre Mitschüler schikanieren sie. Im Großen wie im Kleinen leiden Schulen durch Sünder.

Vor Kurzem habe ich bei einem Lehrer hospitiert, der Probleme hatte, seine Mittelstufenschüler zu unterrichten. Das Problem war nicht das Thema, sondern die Feindseligkeit der Schüler. Jeder Schüler, der den Mut aufbrachte, seine Hausaufgaben abzuliefern und sich im Unterricht Mühe zu geben, riskierte den Spott von Mitschülern. Sich anzustrengen hieß, dem Lehrer nachzugeben, und das war überhaupt nicht cool. Ein sündiges Verhalten hatte zu einer Art Kulturkrieg in dieser Mittelstufenklasse geführt, und die Opfer waren die, die lernen wollten.

Auch Lehrer sind nicht immun gegen das Problem der Sünde. Enttäuschung führt zu Ärger und zu unbeherrschtem Verhalten. Lehrer behandeln einige Schüler besser als andere. Wie kommt das? Wir sagen, was wir nicht sagen sollten, und sagen nicht, was wir sollten.

Alle Menschen, auch Schüler und Lehrer in christlichen Schulen, sind in besonderem Maße auf das Evangelium der Gnade angewiesen. Es gibt kein anderes Heilmittel gegen die Sünde, die ihren Ursprung in unserem Herzen hat und in den Klassenraum hineinfließt. Um aber die Gnade richtig wertzuschätzen, müssen wir der Sünde direkt ins Gesicht sehen und ihre Macht erkennen, all die guten Absichten einer christlichen Schule anzugreifen. Cornelius Plantinga ermahnt uns, nicht von Gnade losgelöst von Sünde zu sprechen: „Wenn wir das tun, verniedlichen wir das Kreuz Jesu,

---

Über Schüler

wir laufen an all den Sündern mit ihren Schwierigkeiten vorbei und machen die Gnade Gottes billig, an der, wenn sie zu uns kommt, immer Blut haftet." Sünde klein zu reden, heißt, „den Nerv des Evangeliums zu durchtrennen", sagt Plantinga.

In meiner Zeit als Leiter einer christlichen Schule sprachen mich gelegentlich Eltern wegen bestimmter Probleme an der Schule an. Sie sagten: „Das ist doch eine christliche Schule. Wir hätten nicht gedacht, dass so ein schlechtes Benehmen hier möglich wäre." Auf solche Kommentare habe ich so reagiert: „Wir sind nicht perfekt, und Probleme kommen immer wieder. Das Wichtige ist, was wir gegen die Probleme unternehmen. Unsere Hoffnung gründet sich nicht auf unsere Fähigkeit, eine problemfreie Schule zu schaffen, sondern auf Jesus, der ein Freund von Leuten mit Problemen ist."

Christliche Schulen, die sich von der Gnade Gottes formen lassen, geben bereitwillig ihre Unzulänglichkeit zu. Sie wissen, dass sie ein Sündenproblem haben, das nur durch Gottes gnädiges Eingreifen behoben werden kann. Für solche Schulen ist das Evangelium wesentlich für ihren Auftrag. Das macht sie zu hoffnungsvolleren Orten als Schulen, die aus eigener Kraft zurechtkommen wollen.

> *Jesus, du Freude liebender Herzen,*
> *du Lebensquelle,*
> *du Licht der Menschen,*
> *größtes Glück, das die Erde bereithält,*
> *wir kommen wieder leer zu dir.*
> *Deine unveränderliche Wahrheit steht für immer,*
> *die dich anrufen, rettest du,*
> *zu denen, die dich suchen, bist du gut,*
> *zu denen, die ihr Alles in dir finden.*

(Nach Bernhard von Clairvaux)

Schüler haben eine Seele

Wenn wir aber im Licht wandeln, wie er im Licht ist, so haben wir Gemeinschaft miteinander, und das Blut Jesu Christi, seines Sohnes, reinigt uns von aller Sünde. Wenn wir sagen, dass wir keine Sünde haben, so verführen wir uns selbst, und die Wahrheit ist nicht in uns. Wenn wir aber unsere Sünden bekennen, so ist er treu und gerecht, dass er uns die Sünden vergibt und uns reinigt von aller Ungerechtigkeit.
(1. Johannes 1,7-9)

Bono schreibt in seiner Kolumne für die *New York Times*: „Es ist das Jahr 2009. Weißt du, wo deine Seele ist?" Das ist eine gute Frage, eine, die christliche Lehrer sich auch in Bezug auf ihre Schüler stellen sollten. Was nützt es ihnen, wenn sie gute Noten und einen guten Schulabschluss erhalten, aber ihre Seele verlieren? Sie können vorbildliche Schüler sein und trotzdem ein Herz haben, das weit weg ist von Gott. Wenn es um die Ewigkeit geht, reicht es nicht, einfach gut zu sein. Schüler brauchen den rettenden Glauben an Jesus Christus.

Die Pädagogin Jean Belz schrieb über ihre Anfangsjahre, dass sie sich auf ein erfülltes Leben freute, das sie sich so vorstellte: Familie gründen, zu Elternabenden und zu Konzerten gehen, gute Bücher lesen. Welche Lehrerin würde solchen Erwartungen für sich und ihre Schüler nicht zustimmen? Als Belz eine junge Erwachsene war, rettete der HERR sie, und sie sah alle ihre Ambitionen in einem neuen Licht. Sie schreibt: „Aber als der Herr Jesus Christus meine Sünde wegnahm, die mir zusetzte und alles in meinem Leben trübte, gab er jeder Erfahrung eine Bedeutung. Jetzt gab es einen Sinn in Konzerten, Büchern, Freundschaften, der Schule, Politik, Reisen und allen möglichen Unternehmungen. Die Welt um mich herum hatte sich verändert. Farben waren intensiver, Strukturen, Formen und Entfernungen erregten meine Aufmerksamkeit."

Gott hat die, die sein Ebenbild tragen, zu Sinnsuchern gemacht. Ob es darum geht, eine Mathematikaufgabe zu lösen, einen intelligenten Aufsatz zu verfassen oder einfach die Schönheit und Ruhe eines Junimorgens zu genießen – mit oberflächlichen und belanglosen Bedeutungen wollen wir uns nicht abfinden. Wir wollen alles in seiner vollen Bedeutung sehen. Christliche Lehrer verstehen das und wünschen, dass ihre Schüler dieses Verständnis teilen.

Deshalb reicht es nie, zu sagen, dass christliche Schulen dieselben Fächer unterrichten wie andere Schulen, aber zusätzlich Andachten und Gottesdienste haben. In christlicher Bildung und christlicher Erziehung geht es nicht so sehr darum, irgendetwas oben draufzusetzen, sondern alles anders zu sehen und neue Sichtweisen und Bedeutungen für die Dinge des Lebens zu entdecken.

Es beginnt mit einem neuen Herzen. Der HERR verspricht im Buch Hesekiel, dass Herzen aus Stein durch Herzen aus Fleisch ersetzt werden. Ein solches Herz gibt er denen, die ihm ihre Sünden bekennen. Auf geheimnisvolle Weise fängt die beste Art zu lernen mit Bekennen an. Wer seine Sünden Jesus bekennt, sieht die Dinge in einem neuen Licht.

Bono schreibt, dass er die Bibel wie eine Lotschnur benutzt, „um zu sehen, ob die Wände gerade oder schief sind." Er sagt, er ist emotional von seiner Musik beansprucht, intellektuell von dem, was er schreibt, und geistlich von der Bibel, in der er forscht, damit seine Seele gesund bleibt. Genauso heißt eine christliche Schule vielseitige Menschen willkommen und erfüllt sie mit Gutem, das ihre emotionalen, intellektuellen und geistlichen Bedürfnisse anspricht. Aber das erste Bedürfnis ist herauszufinden, wo ihre Seele ist.

Jesus, dein Nam verscheucht die Pein,
macht aus dem Leid ein Lied,
dringt wie Musik ins Herz hinein,
ist Leben, Heil und Fried.
Er bricht die Macht der Sündenqual,
lässt Hartgebundne frei,
Sein Blut versöhnt die Sünder all,
dies Blut mein Lobpreis sei.

(Aus dem Lied: *O for a thousand tongues to sing*, von Charles Wesley; deutsch: *O hätt' ich tausend Zungen nur*, von E. Gensichen)

Was Schüler wert sind

Denn auch der Leib ist nicht ein Glied, sondern viele. Wenn der Fuß spräche: Ich bin keine Hand, darum gehöre ich nicht zum Leib! – gehört er deswegen etwa nicht zum Leib? Und wenn das Ohr spräche: Ich bin kein Auge, darum gehöre ich nicht zum Leib! – gehört es deswegen etwa nicht zum Leib? Wenn der ganze Leib Auge wäre, wo bliebe das Gehör? Wenn er ganz Ohr wäre, wo bliebe der Geruchssinn? Nun aber hat Gott die Glieder, jedes einzelne von ihnen, so im Leib eingefügt, wie er gewollt hat. Wenn aber alles ein Glied wäre, wo bliebe der Leib? Nun aber gibt es zwar viele Glieder, doch nur einen Leib.
(1. Korinther 12,14-20)

Eines der gängigen Themen in Schulgottesdiensten und Andachten ist, dass wir alle Glieder des Leibes Jesu sind. Wir haben alle unterschiedliche Fähigkeiten und Gaben in diesem Leib, und wir sind auf gegenseitige Hilfe angewiesen. Nicht alle können Augen oder Ohren sein; auch Füße sind wichtig, und der ganze Körper ist mehr als die Summe seiner Teile.

Dieses Bild lässt sich auf christliche Schulen ganz natürlich anwenden. Schulen haben die unterschiedlichsten Schüler, die sich alle auf verschiedene Weise entwickeln. Einige haben ein ästhetisches Empfinden, andere sportliche Fähigkeiten, wieder andere technisches Verständnis, und einige sind sogar mit einem ungewöhnlichen Maß an gesundem Menschenverstand ausgestattet. Ein weiser Lehrer erkennt, wann er diese sich entwickelnden Glieder am Leib Jesu loben oder anstupsen soll. Sie sind Edelsteine, alle irgendwie fehlerhaft, aber doch bereit, das Licht widerzustrahlen, das der Lehrer ihnen bereitstellt, und sie sind es zweifellos wert, geschliffen zu werden.

Unsere säkulare, wettbewerbsorientierte Gesellschaft hat eine ganz andere Art, Schüler zu beschreiben und ihren Wert zu messen. Besitzt ein Schüler oder eine Schülerin Talent? Gut. Was macht er, was macht sie damit? Gute Noten erzielen? Musikwettbewerbe gewinnen? Oder Sportwettkämpfe? Wird er oder sie in der Öffentlichkeit bekannt? In unserem säkularen Umfeld gilt: Die Gesellschaft setzt sich aus Gewinnern und Verlierern zusammen, aus außergewöhnlichen und bloß gewöhnlichen Leuten. Schüler erweisen sich als erfolgreich oder nicht erfolgreich durch das, was sie leisten.

Christliche Schulen können dieses Problem für ihre Schüler verschleiern, indem sie die biblische Sicht predigen, aber die weltliche praktizieren. Ich kenne eine Schule, die die Rangfolge ihrer Schüler in den Fächern mit den Zeugnisnoten veröffentlicht. Eine andere veranstaltet eine besondere Feier, bei der eine kleine Gruppe sportlich talentierter und intellektuell begabter Schüler ausgezeichnet wird, während alle anderen zuschauen. In diesen christlichen Schulen werden zwei Botschaften an die Schüler weitergegeben: die eine, dass alle als Glieder am Leib Jesu wertgeschätzt werden, die andere, dass nur die Besten geschätzt werden. Die Schüler kapieren es: Was wirklich rüberkommt, ist das, was die Schule praktiziert, nicht was sie predigt. Einige Schüler sind Gewinner, die anderen bloß normal.

C. S. Lewis stellt fest, dass selbst uninteressante Menschen, die Jesus nachfolgen, eines Tages so beeindruckend sein werden, dass man versucht wäre, sie zu verehren, wenn man sie jetzt so sehen könnte, wie sie einmal sein werden. Er betont: „Es gibt keine gewöhnlichen Menschen." Er sagt, diese umfassendere Wirklichkeit sollte sich auf unseren ganzen Umgang miteinander auswirken, sei es beim Spiel, in der Politik, in Freundschaften oder Liebesbeziehungen.

Beeinflusst das unseren Unterricht? Eine Lehrerin, die ich kenne, lobt die Leistungen ihrer Schüler großzügig, aber sie tut das immer unter vier Augen und ohne einen Vergleich mit anderen. Sie hat keine gewöhnlichen Leute in ihrer Klasse, denn sie versteht, dass jede ihre Schülerinnen und jeder ihrer Schüler einen besonderen Wert im Leib Jesu hat.

Gott, hilf uns, das, was wir predigen, auch zu tun um der Schülerinnen und Schüler willen, die zu Jesu Leib gehören. Amen.

Feiernde Schüler

Den Reichen in der jetzigen Weltzeit gebiete, nicht hochmütig zu sein, auch nicht ihre Hoffnung auf die Unbeständigkeit des Reichtums zu setzen, sondern auf den lebendigen Gott, der uns alles reichlich zum Genuss darreicht.
(1. Timotheus 6,17)

Nur ganz selten muss man einen Schüler davon überzeugen, dass Feiern etwas Gutes ist. Leider ist die Botschaft unserer heutigen Kultur, dass der Weg zu einem glücklichen Leben über Spaß und Geld führt. Immer öfter kommen Schüler in eine christliche Schule in der Überzeugung, dass die Gesellschaft ihnen materiellen Überfluss schuldet.

Die Botschaft der Bibel ist anders. Der Apostel Paulus verurteilt Geldliebe als eine Wurzel des Bösen (siehe 1. Timotheus 6,10) und macht uns klar, dass echter Genuss von Gott kommt. Es gibt keinen passenderen Ort als eine christliche Schule, um den Wert von Genuss zu würdigen. Eine der wahren Freuden des Lebens ist es, das Leben zu feiern. Dabei geht es jedoch nicht um ein ichbezogenes, hedonistisches Streben nach Vergnügen. Richtiges Feiern sollte nicht reduziert werden auf das Kitzeln der Sinne, obwohl es tatsächlich oft die Sinne anregt. Feiern ist die natürliche Antwort darauf, als Gottes Kind in Gottes Welt zu leben mit ihrem Reichtum, ihrer Verschiedenheit, ihren Formen und Farben, ihrer Intensität, ihrer Ausdehnung und ihrer Bestimmung.

Nicholas Barker erklärt diesen Sinn für das Feiern an einem Beispiel, dem Essen einer Orange. Er stellt fest, dass Gott uns Nahrung ohne Farbe, Oberflächenstruktur, Duft und Geschmack hätte geben können. Wirklich, er hätte die ganze Welt in einem tristen Grau erschaffen können. Hat er aber nicht. Denk an die Orange, sagt Barker. Nimm dir Zeit, ihren Duft aufzunehmen. Freu dich immer wieder auf ihren Geschmack, bevor du hineinbeißt. Gott gibt uns Orangen. Was kannst du deinen Schülern geben? Du kannst ihnen einen Grund dafür geben, eine Orange nicht nur als Nahrung für den Körper zu schätzen. Eine christliche Schule sollte ihre Schüler dahin führen, Dinge zu genießen, die es wert sind, und mit Gleichgültigkeit den verzerrenden Einflüssen von Hedonismus und Materialismus gegenüberzustehen.

Dazu passt, dass Charles Anderson Christen auffordert, Humor zu haben. Sie wissen, dass „die Geschichte gut ausgeht für die, die zu Jesus Christus gehören." Leben ist nicht einfach eine Abfolge von Ereignissen; es hat ein Muster und eine Zielsetzung. Es gibt wichtige Gründe, im Hier und Jetzt fröhlich zu sein und Humor zu haben. Gott gibt der Schöpfung ihre Form. Christliche Schule sollte den Schülern helfen, die Form zu erkennen, und ihnen biblische Gründe geben, sich über die Schöpfung zu freuen und über den, der sie gemacht hat.

Schüler sollten nicht kritisiert werden, wenn sie das Leben genießen wollen. Das Vorrecht eines Lehrers an einer christlichen Schule ist es, die Schüler anzuleiten, das Leben authentisch zu feiern. Geschieht das in deinem Klassenraum? Ist er ein fröhlicher Ort? Möge Gott dir die Weisheit geben, deinen Schülern zu helfen, ihre Hoffnung auf Gott zu setzen und dann mit großer Freude das zu genießen, was Gott für sie gemacht hat.

Für die Wunder dieser Welt, für den Himmel, strahlend schön,
für die Liebe, die uns hält, seit das Licht der Welt wir seh'n,
für das alles sei dir Dank, Lob und Preis ein Leben lang.
Für die Wunder Tag und Nacht, die du schufst, uns zu erfreu'n,
Berg und Tal und Blütenpracht, Sonne, Mond und Sternenschein,
für das alles sei dir Dank, Lob und Preis ein Leben lang.
Für die Menschen mir zur Seit', die mir Stärke sind und Licht,
Liebe, die in Ewigkeit bleiben wird und nicht zerbricht,
für das alles sei dir Dank, Lob und Preis ein Leben lang.

(Englischer Liedtext von Folliott S. Pierpoint,
deutsche Übertragung: Autor unbekannt)

Ängstliche Schüler

Und über das hinaus, dass der Prediger weise war, lehrte er auch das Volk Erkenntnis und erwog und erforschte und verfasste viele Sprüche. Der Prediger suchte gefällige Worte zu finden und die Worte der Wahrheit richtig aufzuzeichnen. Die Worte der Weisen sind wie Treiberstacheln, und wie eingeschlagene Nägel die gesammelten Aussprüche; sie sind von einem einzigen Hirten gegeben.
(Prediger 12,9-11)

„Gedenke an deinen Schöpfer in den Tagen deiner Jugend", sagt der Lehrer im Buch Prediger. Das sind gute Worte, die Lehrer ihren Schülern weitergeben sollen. Der Schöpfer und sein Gesetz haben Vertrauen verdient.

Doch für Schüler, deren Leben jeden Tag von Konflikten mit Gleichaltrigen oder Eltern beeinträchtigt wird, außerdem von inneren Ängsten und Unsicherheiten, ist es manchmal schwierig, sich auf die Güte des Schöpfers zu besinnen.

Sandra war so jemand. Sie ging ins zweite Schuljahr und war eine gute Schülerin, das heißt, sie erhielt immer gute Noten. Sie akzeptierte Schule als etwas, wozu sie verpflichtet war. Sie hielt die Regeln ein und tat immer, was ihre Lehrerin von ihr verlangte. Man könnte sie als Musterschülerin bezeichnen, die im Unterricht ständig Fortschritte machte. Andererseits, wenn sie nachmittags nach Hause kam, veränderte sie sich, sie entspannte und spielte und wurde wieder das kleine Mädchen, das ihre Eltern so gut kannten.

Und jeden Morgen nahm sie stoisch wieder die Rolle der Schülerin an und machte sich entschlossen auf den Weg zur Schule, aber immer in der Angst, sie könnte etwas falsch machen, ihre Lehrerin verärgern, oder andere Schüler könnten sich aus irgendwelchen Gründen über sie lustig machen.

Die ängstliche Schülerin, die ich hier beschrieben habe, lebte ganz in ihrer eigenen Welt, die aber deswegen nicht weniger real war. Und so kam es, dass sie sich nur zu Hause sicher genug fühlte, zu entspannen und als kleines Mädchen aufzublühen.

Dieses Muster – das Zuhause zu lieben und sich vor der Schule zu fürchten – setzte sich fort bis zum nächsten Herbst, als das neue Schuljahr begann, und gleich vom ersten Tag an wusste Sandra, dass in diesem Jahr für sie alles anders werden würde. Ihre neue Lehrerin (nennen wir sie Frau Schmidt) zeigte ein Interesse an Sandra, das über das Vermitteln grundlegender Fertigkeiten hinausging; Sandra spürte, dass Frau Schmidt sie gern hatte.

Zweifellos hatte Frau Schmidt über die Jahre viele Schülerinnen wie Sandra gesehen, und so achtete sie darauf, ihr regelmäßig zu sagen, dass sie sie mochte und dass Jesus sie liebte. Frau Schmidt schrieb ihr ermutigende Kommentare und spornte sie an, bei besonderen Projekten zu helfen.

Das führte dazu, dass Sandra aufblühte, nicht nur als Schülerin, sondern – viel wichtiger noch – als Mädchen, das verstand, dass sie wertvoll war, weil sie ein Kind Gottes war und nicht weil sie gute Leistungen brachte. Plötzlich war Schule ihr keine Last mehr, und sie freute sich aufrichtig auf jeden neuen Schultag. Sie wusste, dass ihre Lehrerin sie akzeptierte und gern hatte, und darauf kam es an.

Wie der Lehrer im Buch Prediger benutzte Frau Schmidt genau die richtigen Worte im Umgang mit Sandra. Diese Worte übten eine beruhigende Wirkung auf Sandra aus und gaben ihr Sicherheit, gerade so wie fest „eingeschlagene Nägel".

Jesus liebt mich ganz gewiss,
denn die Bibel sagt mir dies.
Alle Kinder schwach und klein
lädt er herzlich zu sich ein.

Ja, Jesus liebt mich,
ja, Jesus liebt mich,
ja, Jesus liebt mich,
die Bibel sagt mir dies.

(Englisch *„Jesus loves me, this I know"* von Anna Bartlett Warner; deutsche Version: Autor unbekannt)

Gleichgültige Schüler

*Und über das hinaus, dass der Prediger weise war, lehrte er auch das Volk
Erkenntnis und erwog und erforschte und verfasste viele Sprüche. Der
Prediger suchte gefällige Worte zu finden und die Worte der Wahrheit richtig
aufzuzeichnen. Die Worte der Weisen sind wie Treiberstacheln, und wie
eingeschlagene Nägel die gesammelten Aussprüche;
sie sind von einem einzigen Hirten gegeben.*
(Prediger 12,9-11)

Zu den Kennzeichen eines guten Lehrers gehört es zu wissen, welche Worte
ein Schüler braucht, um weiter zu kommen. Ängstliche Schüler brauchen
Worte der Ermutigung und der Sicherheit. Gleichgültige Schüler müssen
angestoßen werden, um das Richtige zu tun. Paul war solch ein Schüler.

Sein ganzes Leben lang war er schon auf christliche Schulen gegangen; jetzt
war er Schüler einer weiterführenden Schule. Er hatte mehr Schulgottesdienste und mehr Bibelunterricht mitgemacht als die meisten Studenten im
Lehrerseminar. Er war ein durchschnittlicher Schüler und tat genug, um mit-
zukommen, aber der Unterricht packte ihn nicht wirklich. Obwohl Paul in
Andachten und anderswo ständig von den Werten hörte, die die Grundlage
einer christlichen Schule und eines christlichen Lebens bilden, entwickelte er
nur ein halbherziges Interesse daran. Im Lauf der Jahre arbeitete er sich durch
das System, ohne im guten oder im schlechten Sinn Wellen zu schlagen.

Sein Ehrgeiz schien darin zu bestehen, eines Tages einen gut bezahlten Job
zu bekommen, ein schönes Haus zu kaufen und alles in allem ein bequemes Leben zu führen. Aber dann kam er in Herrn Wagners Klasse. Der
kannte sich mit Schülern wie Paul aus. Sie behaupten, Jesus zu lieben, aber
ihr Herz ist anderswo.

Herr Wagner fühlte sich Paul zugetan. Er wusste, Paul musste aufwachen,
um hinter seiner ichbezogenen, bequemen Welt eine andere Welt zu sehen.
Deshalb gab Herr Wagner Paul und anderen, die so wie er waren, Anstöße
und forderte sie heraus. Er unternahm mit Paul und den anderen Zelttou-
ren, um sie auf einer persönlichen Ebene kennen zu lernen. Er redete mit
den Jungen über Dinge, die wichtig waren. Er konfrontierte sie mit ihrer
eigenen Sünde und auch mit den Unzulänglichkeiten der Gesellschaft. Sie
sprachen darüber, wie viele Menschen ein Leben führen, in dem Schönheit,

Wahrheit und Gerechtigkeit sich nicht entfalten und wo Armut, Hunger, Diebstahl und sogar Gewalt normal sind. Allmählich wurde Paul klar, dass das Wissen und die Fähigkeiten, die er in der Schule erworben hatte, dazu dienen müssten, anderen zu helfen. Dass Jesus zu folgen mehr bedeutet als ein bequemes Leben zu führen. Alles, was er über Gott und seine Welt gelernt hatte, erhielt nun eine neue Bedeutung, während er darüber nachdachte, wie er beitragen könnte, diese Welt im Namen Jesu zu verändern.

Christliche Schulen sind am besten, wenn sie diese Wirkung auf ihre Schüler ausüben. Sie werden zu Orten der Unruhe mit der Bereitschaft, Risiken einzugehen, wenn Lehrer versuchen, ihre Schüler dazu auszurüsten, die Kultur und die Gesellschaft im Sinne Jesu zu beeinflussen. Solche Lehrer wissen, dass die Anziehungskraft von Hedonismus und Materialismus in unserer säkularen Kultur mächtig ist. Sie wissen, dass es leicht für Schüler ist, den kulturellen Status Quo anzunehmen, wenn nicht jemand sie dazu bringt, ihn in Frage zu stellen. So geschah es mit Paul. Herr Wagner stieß ihn darauf, dass er sah, dass es im Leben oft darum geht, Lücken zu schließen – Lücken zwischen dem, wie Dinge sind und wie sie sein sollten. Schließlich erkannte er, dass seine Schulbildung dieses Ziel hatte, und das machte den ganzen Unterschied aus.

Seid aber Täter des Wortes und nicht bloß Hörer, die sich selbst betrügen.

(Jakobus 1,22)

Interessierte und interessante Schüler

Gewöhne den Knaben an den Weg, den er gehen soll, so wird er nicht davon weichen, wenn er alt wird.
(Sprüche 22,6)

Ein Freund gab mir einmal folgenden Rat zur Kindererziehung: „Füll das Leben der Kinder mit lohnenden Tätigkeiten, und sie werden, wenn sie heranwachsen, zu interessierten und interessanten Menschen." Wer wertvolle Interessen pflegt, sagte er, wird ein interessanter Mensch, den man gern zum Freund hat. Ich war froh, ihn zum Freund zu haben.

Meine Frau Mary und ich haben uns seinen Rat zu Herzen genommen. Schon früh waren unsere Kinder mit allen möglichen interessanten Tätigkeiten beschäftigt. In der christlichen Schule sangen sie im Chor, spielten in der Theatergruppe mit und nahmen am Mannschaftssport teil, für den gerade Saison war. Zu Hause lernten sie Instrumente zu spielen und nahmen an Programmen in der Gemeinde teil. Später setzten die meisten unserer Kinder zwischen Schule und Universität ein Jahr aus, um bei Missionseinsätzen mitzumachen, überwiegend in Afrika.

C. S. Lewis schreibt, wir bestehen darauf, ein dürftiges Leben zu führen. Wir sind viel zu leicht zufrieden, wie „ein ahnungsloses Kind, das weiter Matschkuchen im Hinterhof backen will, weil es sich nicht vorstellen kann, was das Angebot bedeutet, Ferien am Meer zu verbringen." Heute umgibt uns die Medienkultur mit vielem, was unsere Sinne verwirrt. Viele Kinder verbringen jede Woche viel mehr Zeit als in der Schule damit, Nachrichten zu versenden, im Internet zu surfen und Videospiele zu spielen. Werden sie durch übermäßigen Umgang mit elektronischen Medien zu interessanten Menschen?

Obwohl sie vor dem Fernsehzeitalter lebte, würde uns Charlotte Mason etwas anderes raten. Macht mit jungen Leuten Wanderungen in die Natur, riet sie. Lasst sie lernen, genau darauf zu achten, was sie sehen. Lasst sie Farben, Formen, Oberflächenstrukturen, Größe und Bewegung in sich aufnehmen und dann ihre Erfahrung in Einzelheiten beschreiben, und zwar mit Worten und Wasserfarben. Nichts Ungenaues oder Allgemeines. Schüler müssen die Disziplin pflegen, genau hinzuschauen. Genauso können Schüler lernen, genau auf Musik zu hören und bedeutende Gemälde zu studieren.

Ein Kind, das Objekte auf diese Weise studiert, erinnert sich ein Leben lang daran, argumentiert Mason.

Vor einiger Zeit bin ich mit meinem Enkel, der damals sieben Jahre alt war, in ein Museum gegangen, um seine Vorstellungen von Bildbetrachtung zu testen. Zwanzig Minuten lang betrachtete er das Landschaftsgemälde eines niederländischen Malers aus dem 17. Jahrhundert. Dann drehte er sich um und fertigte eine Liste von allen Einzelheiten des Gemäldes an, an die er sich erinnern konnte (wie viele Hunde, Kühe, Pferde, Wagen, Vögel am Himmel?). Nach sechs Monaten konnte er sich im Wesentlichen an alles erinnern, was er in den zwanzig Minuten beobachtet hatte. Zugegeben, das war noch kein Leben lang, aber ich war beeindruckt. Interessante Menschen füllen ihren Geist mit wertvollen Erfahrungen und können darüber reden.

Was veranlasste den Schreiber der Sprüche, über den Weg eines Adlers am Himmel und den Weg einer Schlange auf dem Felsen zu staunen, und auch über den Weg eines Schiffes auf dem Meer und den Weg eines jungen Mannes mit einem Mädchen? Genaue Beobachtung, glaube ich, mit wachen und interessierten Augen, offen für die Art und Weise, in der Gott die Welt gemacht hat.

Lehrer an christlichen Schulen wollen, dass ihre Schüler sich bei dem, was sie lernen, auszeichnen. Sie müssen das erforderliche Wissen und die nötigen Fertigkeiten für das Leben erwerben. Aber Schule sollte nicht zur Plackerei werden, zu einem Ort ohne Spaß. Tätigkeiten, die Schüler auf neue Weise herausfordern und ihre Neugier wecken, sind genau das Richtige, um sie als interessante Menschen in die Welt zu schicken. Dann werden sie bereit sein, das Angebot eines Urlaubs am Meer anzunehmen.

Erziehung formt den Geist – wie junge Zweige,
sodass, wie man sie biegt, der Baum sich neige.

(Alexander Pope, Übersetzung WR)

Weltsicht einer Realschülerin

Denn so sehr hat Gott die Welt geliebt, dass er seinen eingeborenen Sohn gab,
damit jeder, der an ihn glaubt, nicht verlorengeht, sondern ewiges Leben hat.
(Johannes 3,16)

Brian Walsh und Richard Middleton haben viel darüber geschrieben, wie
die Weltsicht eines Menschen eine Perspektive für die Antworten auf Le-
bensfragen gibt, eine Perspektive, die Herz und Verstand prägt. In einem
ihrer Bücher schreiben sie, dass jede Weltsicht vier Fragen beantwortet: Wer
bin ich? Wo bin ich? Was ist nicht in Ordnung? Was ist das Heilmittel?

Christliche Lehrer finden diese Fragen hilfreich, um ihren Schülern zu einem besseren Verständnis ihrer selbst und ihrer Welt zu verhelfen. Sie sagen
ihren Schülern, dass sie von Jesus wertgeschätzt und geliebt sind und dass
es ihnen zur Ehre gereicht, in seinem Bild geschaffen zu sein. (Wer bin ich?)
Die Antwort auf die Frage von Schülern nach dem Wo (Wo bin ich?) ist,
dass ihnen „schöne Orte zugefallen sind" und dass sie in einem Universum
leben, das „von der Größe Gottes erfüllt ist", wie Gerard Manly Hopkins geschrieben hat. Und obwohl sie die Wirkung des Sündenfalls an sich tragen
(Was ist nicht in Ordnung?), überwindet Gott in seiner großen Liebe die
Unzulänglichkeiten derer, die an ihn glauben (das Heilmittel).

Letztlich gibt das Christentum hoffnungsvolle Antworten auf die vier Fragen, die die Weltsicht bestimmen. Trotzdem kann etwas in den Schülern sie
zurückhalten, die Antworten vollständig anzunehmen. Lehrern ist die Kluft
sehr bewusst, die zwischen dem existiert, was Schüler behaupten zu glauben, und dem, was sie tatsächlich fühlen, auch wenn sie das normalerweise
nicht so aussprechen.

Rahel, eine Siebtklässlerin, veranschaulicht diese Aussage. Sie ist schon in
einen christlichen Kindergarten gegangen; jetzt besucht sie eine christliche
Schule. Die Botschaft des Evangeliums kennt sie sehr gut; sie hat sie in der
Schule, zu Hause und in der Gemeinde gehört. Trotzdem ist ihr Denken,
wenn sie zur Schule kommt, von einer anderen Weltsicht geprägt, die mit
der christlichen im Widerstreit liegt.

Wenn es um die Frage geht: „Wer bin ich?", hält Rahel sich für einen Niemand, auch wenn sie das nicht so sagen würde. Sie ist sich sicher, dass nie-

mand sie mag, weil sie bei dem, was in der Schule zählt, wenn Erfolg gefragt ist, nicht gut abschneidet.

Ihre Antwort auf die Frage: „Wo bin ich?" ist: an einem Ort, der Angst macht, der offensichtlich Leute wie sie klein macht oder übersieht.

Was ist nicht in Ordnung? Aus ihrer Sicht ist sie nicht klug genug oder nicht sportlich genug, und ihre Kleidung ist uncool. Sie wünschte, sie wäre größer und schlanker. Immer wenn es um Ansehen und Beliebtheit in der Schule geht, empfindet sie, dass sie nicht mithalten kann.

So wie sie sich und ihre Probleme wahrnimmt, scheint das Heilmittel hoffnungslos außer Reichweite. Der Weg zu Ganzheit und Frieden würde erfordern, als Schülerin herauszustechen und bei ihren Mitschülern beliebt zu sein. Für Rahel hängt ihre Rettung von ihrer Leistung in der Schule ab. Schafft sie es, gut genug zu sein?

Wahrscheinlich ist heute keine Herausforderung für christliche Schulen größer als die durch die Weltsicht. Mit der christlichen Weltsicht liegt die Weltsicht der Rettung durch Leistung im Krieg. Herz und Geist christlicher Schülerinnen und Schüler stehen auf dem Spiel.

Was können Lehrer tun, um diese Herausforderung anzunehmen? Die Antwort liegt darin, die Gnade in der Botschaft des Evangeliums zu ergreifen und zu verstehen, wie diese Gnade das Geschehen im Klassenraum durchdringen kann. Dann sieht Rahel vielleicht, dass ihr Wert davon herrührt, dass sie von dem Gott angenommen ist, der die Welt so sehr geliebt hat, dass er seinen einzigen Sohn gegeben hat – und nicht daher, dass sie selbst Leistungen erbringt.

Du hast uns für dich gemacht, und unruhig ist unser Herz, bis es ruht in dir.

(Augustinus)

Verantwortliche Schüler

Ein Ohr, das auf die Zurechtweisung zum Leben hört, wird sich gern inmitten der Weisen aufhalten. Wer die Unterweisung verwirft, verachtet seine Seele, wer aber auf Zurechtweisung hört, erwirbt Verstand.
(Sprüche 15,31-32)

In meinen ersten Jahren als Lehrer unterrichtete ich an einem christlichen Internat. Die Schule war so klein, dass jeder Lehrer verschiedene Aufgaben übernehmen musste. Ich unterrichtete in der Sekundarstufe Bibelkunde und Geschichte und trainierte das Basketballteam. Das alles machte mir Freude.

Wir hatten ein gutes Basketballteam in meinem ersten Jahr, und das Turnier rückte näher. Während der ganzen Saison hatten wir hart trainiert, um auf höchster Ebene am Turnier teilzunehmen, und ich glaubte, wir hatten eine Chance, zu gewinnen. Am Tag vor unserer Abreise zu dem Turnier befand unser Schulleiter über drei Mitglieder des Teams: Es reicht! Sie hatten wieder einmal verschlafen und zeigten sich respektlos gegenüber dem Schulleiter, als er sie zurechtwies. Und deshalb ordnete er an, dass die drei das Schulgelände eine Woche lang nicht verlassen durften, mit dem Ergebnis, dass sie das Turnier verpassen würden.

Eine Art und Weise, wie Schüler das Ebenbild Gottes widerspiegeln, ist, dass sie verantwortliche, moralische Personen sind. Schüler sind mit Vernunft, Kreativität und der Fähigkeit, in einer Gemeinschaft zu leben, ausgestattet, und darum sind sie unter anderem für ihr Verhalten verantwortlich. Ich glaube, das erste Mal, dass die Verantwortlichkeit von Schülern für mich mehr als ein abstrakter Begriff war, war, als meine Spieler für ihre Verantwortungslosigkeit bestraft wurden.

Verantwortung. Das wollte ich als Trainer auch. Ich wollte, dass die Spieler die Züge beherrschten, hart trainierten, gute Teamplayer waren und den Ball weitergaben, wenn ein anderer Spieler in einer besseren Position war. Das alles geschah auch in unserer Mannschaft, und es war eine Freude, ihnen zuzusehen.

Als der Schulleiter meinen Spielern Ausgehverbot erteilte, war ich zuerst sehr aufgebracht. Die Arbeit der ganzen Spielsaison war in Gefahr! Ich ging zu ihm und bat ihn, die Strafe noch einmal zu überdenken, vielleicht das

Verbot um eine Woche zu verschieben. Es wäre unverantwortlich, sagte ich, einen Teil des Schulprogramms auf diese Weise zu untergraben.

In seiner Weisheit gab mir der Schulleiter eine Antwort, die mir half zu verstehen, wonach eine Schule streben sollte, wenn es um die Entwicklung verantwortungsbewusster Schüler ging. Schulprogramme, einschließlich der Sportangebote, seien Mittel, um das komplexe Netz von Eigenschaften zu fördern, die Schüler zu ganzheitlichen Persönlichkeiten machen. Lehrer sollten sich dafür engagieren, unterrichtliche und außerunterrichtliche Tätigkeiten zum bestmöglichen Erfolg zu führen. Aber die Kurse und Angebote, sagte er, darf es nie um ihrer selbst willen geben, als ob eine Schule existierte, um durch Schülerleistungen Ansehen zu erlangen.

Eine wesentliche Art, Schülern als Personen Respekt zu zeigen, ist, sie für ihr Tun verantwortlich zu machen. Das Ziel ist nicht, von ihnen Perfektion zu erwarten, aber ihnen die Verbindung zwischen Entscheidungen und Konsequenzen zu zeigen. Anders zu handeln hieße, eine geringe Meinung von der Fähigkeit von Schülern zu haben, dass sie verantwortungsvoll handeln können.

Das Vorgehen des Schulleiters war eine harte Lektion für mich und meine Spieler. Sie brauchten Korrektur, aber würden sie sie annehmen? Ich musste lernen, dass Erziehung und Bildung mehr sind als die Summe der Kurse und Angebote einer Schule. Christliche Schule möchte, dass ihre Schüler gute Noten und gute Spielergebnisse erzielen, aber auch, dass sie Korrekturen annehmen und Verständnis erwerben. Die mit Verständnis sind auch die, die Verantwortung zeigen.

Erschaffe mir, o Gott, ein reines Herz, und gib mir von neuem einen festen Geist in meinem Innern!

(Psalm 51,12)

Mobbing unter Schülern

Wer den Schwachen unterdrückt, der lästert seinen Schöpfer, wer Ihn aber ehren will, der erbarmt sich über den Armen.
(Sprüche 14,31)

Die Schülerversammlung in der Sporthalle würde bald beginnen, und die Klassen suchten sich ihre Plätze auf den Tribünen. Als ich mit meinen Mitschülern der 9. Klasse hereinkam, merkte ich, dass wir bei den Oberstufenschülern sitzen würden. Das roch nach Ärger, dachte ich. Schlimmer noch, mein Platz war direkt vor dem 120 Kilo schweren Schläger der Schule. Hier war ich schmächtiger Junge, einem Rüpel ausgeliefert, der doppelt so groß war wie ich!

Als ich mich setzte, holte er sein Messer heraus und begann, die Gürtelschlaufen hinten an meiner Hose zu durchtrennen. Meine Gedanken rasten, als ich überlegte, welche Möglichkeiten ich hatte. Ich könnte aufstehen und einen Lehrer informieren. Nein, das würde bedeuten, dass der Rüpel mir nach der Schule auflauern und mich zusammenschlagen würde. Ich könnte ihn zur Rede stellen, aber ich war der Herausforderung nicht gewachsen, ihm und seinen Freunden, die um ihn herum saßen, entgegenzutreten. Das wäre keine gute Idee. Schließlich tat ich so, als bemerkte ich nicht, was er machte. Er fand es ganz toll, mich ungestraft schikanieren zu können, und ich war erleichtert, da ohne eine Auseinandersetzung rauszukommen, die ich sowieso nicht gewinnen konnte.

Mobbing. Das hässliche Geheimnis von Schule ist, dass große Jungen die ganze Zeit auf kleinen Jungen herumhacken. Eine Untersuchung schätzt, dass fast dreißig Prozent der Teenager in Amerika andere mobben oder Opfer von Mobbing sind. Manchmal schlagen die Opfer zurück, wie bei dem Massaker an der Columbine High School, wo zwei Opfer jahrelangen Mobbings Rache übten und alle niederschossen, die ihnen im Weg standen. Meistens aber leiden die Opfer still.

Judith Warner stellt fest, dass Jungen, die irgendeine spürbare Schwäche zeigen, zum Beispiel große Emotionalität oder übertriebene Beschäftigung mit ihrer Kleidung, zu möglichen Opfern von Mobbing werden. Und Mädchen machen sich lustig über andere Mädchen, die zu dick sind oder nicht die richtige Kleidung tragen. Christliche Schulen sind gegen solches Verhalten nicht immun. Was soll ein Lehrer, eine Lehrerin dagegen tun?

Manche Lehrer meinen, am besten begegne man Mobbing dadurch, dass die Schüler es unter sich ausmachen. Der Gedanke dabei ist, dass ganz besonders Jungen „auf eigenen Beinen stehen" müssten, weil nur die Fitten in einer Welt des Mobbing bestehen könnten. Trotz der guten Absicht dahinter lässt sich diese Haltung aus biblischer Sicht kaum rechtfertigen. Die Bibel fordert uns auf, freundlich zu den Bedrängten zu sein, nicht sie zu ignorieren.

Hier sind zwei Vorschläge, wie du vorgehen kannst, wenn es das nächste Mal in deinem Klassenraum zu Mobbing kommt. Bei jüngeren Schülern versuche, den Täter in Anwesenheit des Opfers zu beraten. Wenn das Ausmaß der Verfehlung klar wird, wird es dem Täter möglicherweise leid tun. Bei ständigem Mobben muss in aller Deutlichkeit etwas unternommen werden, einschließlich eines zeitlich begrenzten Ausschlusses des Täters vom Unterricht. Schulen müssen eine Null-Toleranz-Haltung gegenüber Mobbing zeigen, auch wenn sie dem Täter und dem Opfer gleichermaßen Beratung und Seelsorge zukommen lassen.

Schüler müssen wissen, was auf dem Spiel steht, wenn sie sich versucht fühlen, jemanden zu drangsalieren. Durch ihre Sünde gegen die Schwachen und Verletzlichen zeigen sie Verachtung gegenüber dem Gott, der sie gemacht hat. Und Lehrer sollten nicht wegschauen, wenn Gott zu ehren bedeutet, Schülern in Not zu helfen. Das „Überleben der Stärksten" läuft dem Auftrag zuwider, christliche Schüler zu erziehen, und es hat keinen Raum in einer christlichen Schule.

Brüder, wenn auch ein Mensch von einer Übertretung übereilt würde, so helft ihr, die ihr geistlich seid, einem solchen im Geist der Sanftmut wieder zurecht; und gib dabei acht auf dich selbst, dass du nicht auch versucht wirst! Einer trage des anderen Lasten, und so sollt ihr das Gesetz des Christus erfüllen!

(Galater 6,1-2)

Leistungsorientierte Schüler

Denn aus Gnade seid ihr errettet durch den Glauben, und das nichts aus euch – Gottes Gabe ist es; nicht aus Werken, damit niemand sich rühme. Denn wir sind seine Schöpfung, erschaffen in Christus Jesus zu guten Werken, die Gott zuvor bereitet hat, damit wir in ihnen wandeln sollen.
(Epheser 2,8-10)

Als Kind lernte ich den HERRN zu lieben, wie er mir zu Hause und in der Gemeinde vorgestellt wurde. Ich wusste schon früh, dass ich durch die Gnade Gottes gerettet war, der mir das Vertrauen gab, um an ihn zu glauben. Das war ein Geschenk von ihm und eindeutig nicht etwas, das ich verdient hatte. Doch irgendwo – ich weiß nicht, wo – griff ich die Vorstellung auf, dass, da ich nun gerettet war, es meine Aufgabe war, mich für Gott angenehmer zu machen. Ja, gerechtfertigt durch Glauben, aber geheiligt durch meine eigenen Werke, dachte ich. Wenn ich in Gottes Sicht aufsteigen sollte, würde ich mir das verdienen müssen. Und wenn ich versagte (was regelmäßig geschah), fragte ich mich, ob Gott mich wirklich gerettet hatte. Der verborgene Fallstrick bei der Heiligung durch Werke ist, dass wir letztlich glauben, unsere Stellung vor Gott hänge von uns ab.

Paulus vermittelt uns ein ganz anderes Bild von Heiligung in seinem Brief an die Epheser. Es ist Gott, der in uns arbeitet, sodass wir die guten Werke tun können, die er für uns vorbereitet hat. Im Brief an die Römer vergleicht Paulus uns mit dem Lehm, den Gott, der Töpfer, nach seinem Willen formt. Wir gehören ihm, aber wir sind eindeutig in Arbeit. Und manchmal scheinen wir wie Lehm zu sein, der kaum zum Formen taugt. Mit der Zeit werden wir tatsächlich unserem Retter ähnlicher, aber es ist Gottes heiligendes Wirken in uns, worauf es ankommt. Und während er uns formt, möchten wir ihm umso mehr mit unserem Leben dienen.

Dieser kurze Exkurs zu Rechtfertigung und Heiligung ist wichtig für christliche Schüler, die meinen, sie seien durch Glauben gerechtfertigt und durch Werke geheiligt. Als ich Schüler war, wollte ich unbedingt die Anerkennung meiner Lehrer und die Bewunderung meiner Mitschüler. An und für sich sind Anerkennung von Lehrern und Bewunderung von Mitschülern etwas Lobenswertes. Für mich aber stand mein Selbstwertgefühl auf dem Spiel. Ich wollte Anerkennung, um glauben zu können, dass ich einen Wert hatte.

Wenn ich folglich gute Noten erhielt, fühlte ich mich gut. Wenn wenig bei meiner Arbeit herauskam, begann ich zu zweifeln, ob überhaupt jemand sich für mich interessieren könnte, Gott eingeschlossen.

Eine christliche Schule hat die Chance, Schülern wie mir zu helfen. Schüler brauchen bedingungslose Liebe, um wirklich glauben zu können, dass ihre Stellung in der Schule und auch vor Gott sicher ist. Meine Kämpfe wegen meines eigenen Wertes dauerten an, bis ich Student an einer christlichen Hochschule war. Dort hatte ich einen Dozenten, der an mich glaubte als einen Menschen, der zu Gottes Reich gehörte. Er vermittelte mir ein Zugehörigkeitsgefühl, das mich frei machte, mich in meinem Studium wirklich anzustrengen, aber nicht um meine Stellung in der Welt zu verbessern, sondern um dem Herrn zu dienen.

Einerseits bin ich dankbar für meinen umsichtigen Hochschulprofessor, andererseits wünschte ich, ich wäre schon als Kind zu diesem Verständnis gekommen. Einfühlsame christliche Lehrerinnen und Lehrer an Grundschulen können Schülern, die darauf angewiesen sind, einen wunderbaren Dienst erweisen.

Oh Gnade Gottes, wunderbar
hast du errettet mich.
Ich war verloren ganz und gar,
war blind, jetzt sehe ich.

Die Gnade hat mich Furcht gelehrt
und auch von Furcht befreit,
seitdem ich mich zu Gott bekehrt
bis hin zur Herrlichkeit.

Durch Schwierigkeiten mancher Art
wurd' ich ja schon geführt,
doch hat die Gnade mich bewahrt,
die Ehre Gott gebührt.

(Englisches Original: John Newton,
deutsche Übertragung von Anton Schulte)

Was geht mich das an?

So seid ihr nun nicht mehr Fremdlinge ohne Bürgerrecht und Gäste,
sondern Mitbürger der Heiligen und Gottes Hausgenossen, auferbaut auf
der Grundlage der Apostel und Propheten, während Jesus Christus selbst
der Eckstein ist, in dem der ganze Bau, zusammengefügt, wächst zu einem
heiligen Tempel im Herrn, in dem auch ihr miterbaut werdet zu einer
Wohnung Gottes im Geist.
(Epheser 2,19-22)

In einer neueren Studie über Studenten berichtet der Soziologe Tim Clydesdale, dass Studenten heute von konkurrierenden Wahrheitsansprüchen
umgeben seien und dass ihre Professoren bloß eine weitere Stimme unter
den vielen seien, denen sie täglich zuhören. „Über dem Rednerpult jedes
Dozenten", sagt Clydesdale, „sollte die Frage hängen: ‚Wen interessiert das?'"
Das ist die oft unausgesprochene Frage, die Studenten heute durch den Kopf
geht. „Gebt uns nicht nur Informationen", sagen die Studenten, „gebt uns
Gründe, warum uns das, was ihr sagt, interessieren sollte!"

Was geht mich das an? Das ist eine ausgesprochen menschliche Frage und
eine, auf die Lehrer eine Antwort haben sollten. Schüler (und Studenten)
sind mit einer ganzen Reihe fordernd auftretender Autoritäten konfrontiert,
die konkurrierende Ansprüche auf ihre Entscheidungen und Überzeugun-
gen erheben. Diese Stimmen fordern die Schüler auf: Glaub mir, berühre
mich, schmecke mich, hör mir zu, kauf mich. Wie sollen Schüler mit diesen
im Wettstreit liegenden Wahrheitsansprüchen umgehen?

Während die Wahlmöglichkeiten große Freiheit vorgeben, liefern sie auch
eine düstere und potenziell verheerende Antwort auf die Frage: „Was geht
mich das an?" Die vorherrschende Antwort in der heutigen säkularen Kultur ist, dass du dich um dich selbst kümmern solltest, weil, wenn alle Stricke
reißen, niemand sonst der Ansicht ist, dass du ihn etwas angehst. Du bist
ganz auf dich gestellt.

Aber so soll es natürlich in einer christlichen Schule nicht gehen. Unser Abschnitt aus Epheser 2 zeichnet ein ganz anderes Bild, als auf sich selber auf-
zupassen. Hier beschreibt Paulus, wie „Fremdlinge ohne Bürgerrecht und
Gäste" in einem Haushalt zusammengestellt sind. Hier geht es nicht um die

---

Über Schüler

Suche des Einzelnen ohne letzte Autoritäten. Nein, in Christus ist Entfremdung überwunden, weil Menschen Teil seines Haushalts werden.

Christliche Schulen sind der akademische Flügel in Gottes Haushalt. Hier können Schüler ebenso wie Lehrer bei ihrer Arbeit das Potenzial der Schöpfung und der Kultur untersuchen und entfalten. Sie können die tiefgreifenden Auswirkungen des Sündenfalls auf die Menschen und auf gesellschaftliche Strukturen untersuchen, und sie können anfangen, darüber nachzudenken, wie diese Auswirkungen überwunden werden können. Zusammen können sie die vielen konkurrierenden Stimmen in der Kultur überdenken und ihr Für und Wider aus der Perspektive des Glaubenshaushalts beurteilen.

In christlichen Schulen können wir auf die Fragen „Was geht mich das an?" oder „Wen interessiert das?" eine Antwort finden, die der Kultur zuwiderläuft. Sich interessieren ist hier nicht auf sich selbst bezogen, sondern auf andere, so wie Jesus sich für uns interessiert. Wer sind wir? Wir gehören jemandem, wir sind Teil von etwas, das größer ist als wir selbst. In Christus gehören wir nicht uns selbst; wir sind von Jesus erkauft und in seinen Haushalt gebracht worden.

Wenn du das nächste Mal einen Schüler in deinem Unterricht sagen hörst: „Was geht mich das an?", kannst du sagen, dass es Jesus etwas angeht. Mit Gottes Gnade können auch Lehrer sich für Schüler und für die Welt, die sie zusammen studieren, interessieren und sich um sie kümmern. Und weil Christus an Schülern gelegen ist, können auch sie sich interessieren. Eine christliche Schule ist der richtige Ort, um die Frage „Was geht mich das an?" zu beantworten.

So demütigt euch nun unter die gewaltige Hand Gottes, damit er euch erhöhe zu seiner Zeit! Alle eure Sorge werft auf ihn; denn er sorgt für euch.

(1. Petrus 5,6-7)

Schüler einbeziehen

Seht nun darauf, wie ihr mit Sorgfalt wandelt, nicht als Unweise, sondern als Weise; und kauft die Zeit aus, denn die Tage sind böse.
(Epheser 5,15-16)

Warum machen Schüler nicht das Beste aus ihren Möglichkeiten in der Schule? Lehrer sind sich dieses Problems sehr bewusst bei ihrem täglichen Bemühen, die Aufmerksamkeit der Schüler im Unterricht zu gewinnen. Georg kommt in Herrn Wagners Geschichtsunterricht, aber er hat morgen Abend ein Fußballspiel, und deshalb gleiten seine Gedanken weg vom Thema. Sandra hat sich mit ihrem Freund gestritten und fühlt sich zu elend, um sich auf Geschichte zu konzentrieren. Peters Eltern lassen sich scheiden, und Peter fragt sich, wie wichtig Geschichte überhaupt ist, wenn das Leben in Trümmern liegt. Herr Wagner sieht sich im Raum um und weiß, für viele Schüler ist die Versuchung groß, sich mit persönlichen Problemen zu beschäftigen. Oft scheinen die Welt der Schüler und die Welt der Schule nichts miteinander zu tun zu haben. Auf ihren Gesichtern ist die Frage zu lesen: „Warum sollen wir etwas lernen, was für uns keine Bedeutung hat?"

Die Antwort ist nicht, die verständlichen Sorgen und Interessen von Schülern abzuweisen, sondern Schüler zu der Erkenntnis zu führen, dass ihre Arbeit in der Schule eine wichtige Rolle in ihrem Leben spielen wird. Donovan Graham betont, dass Lernen oft dann beginnt, wenn das Unterrichtsthema für einen Schüler persönlich bedeutsam ist. „Die Kunst des Unterrichtens", sagt er, „liegt nicht so sehr darin, die richtigen Informationen geschickt zu präsentieren, sondern Schülern zu helfen, die Bedeutung dieser Informationen für ihr eigenes Leben zu entdecken."

Um das zu veranschaulichen, verweist Graham auf ein klassisches Experiment zum Unterrichtsthema Rassismus in einer vierten Klasse in Riceville, Iowa. Die Herausforderung für die Lehrerin, Jane Elliott, bestand darin, dass sie eine Stunde zu den Übeln von Rassendiskriminierung halten sollte für Kinder in einer Schule und einem Dorf, wo es keine Afroamerikaner gab. Für die Schüler erschien Rassismus weit weg und irrelevant.

Mrs Elliott wusste, dass sie einen Boden für Vorurteile und Diskriminierung in der Klasse schaffen musste, damit die Schüler das Problem verstehen konnten. Deshalb teilte sie die Klasse in zwei Gruppen auf, und zwar auf Grundlage der Augenfarbe der Schüler, und begann ein zweitägiges Training in Diskriminierung. Am ersten Tag wurden die Schüler mit braunen Augen bevorzugt und die mit blauen Augen ausgegrenzt. Die mit braunen Augen durften vorne sitzen und erhielten von der Lehrerin besondere Zuwendung. Beim Mittagessen durften sie sich einen Nachschlag holen; den Schülern mit blauen Augen wurde das verwehrt. In der Pause war es den beiden Gruppen verboten, miteinander zu spielen.

Das Ergebnis? Die Schüler mit braunen Augen machten sich über die der anderen Gruppe lustig, und die reagierten mit Ärger und Neid. Innerhalb eines Tages hatte Mrs Elliott in die Welt der Schüler eines der Grundübel der amerikanischen Gesellschaft hineingetragen. Am zweiten Tag setzte Mrs Elliott das Experiment mit vertauschten Rollen fort; die Schüler mit blauen Augen wurden bevorzugt, das Ergebnis war entsprechend.

Nachdem dieses Diskriminierungsexperiment abgeschlossen war, konnte Mrs Elliott sinnvoll über das Übel von Diskriminierung reden – mit Schülern, die das Übel am eigenen Leib erfahren hatten. Ihre Tage waren (mit den Worten des Apostels Paulus) böse gewesen, und jetzt zeigten sie mehr Verständnis darüber, wie man in einer Welt leben kann, in der Rassismus zur Tagesordnung gehört.

Obwohl es eine harte Lektion war, sagten die Schüler später, dass dadurch, dass Frau Elliott sie in Rassismus einbezogen hatte, sie ihnen ein Geschenk gemacht habe. Sie hatten nicht nur neue Informationen erhalten – ihr Leben hatte sich verändert. Die Welt der Schule und die Welt der Schüler waren sich begegnet.

O Herr, nicht alle Lektionen sind so hart zu lernen wie die von Mrs Elliott, aber alle Lektionen müssen die Herzen der Schüler berühren, wenn Lernen vollständig sein soll. Gib den Lehrern Weisheit, ihren Schülern zu zeigen, wie sie leben sollen, denn die Tage sind böse. Amen.

Aufschieberitis

Das sah ich und nahm es mir zu Herzen; ich betrachtete es und zog eine Lehre daraus: „Ein wenig schlafen, ein wenig schlummern, die Hände ein wenig in den Schoß legen, um zu ruhen" – so kommt deine Armut wie ein Wegelagerer und dein Mangel wie ein bewaffneter Mann!
(Sprüche 24,32-34)

Die Botschaft der Sprüche ist hier klar: Zuviel Schlaf kann zu Armut führen. Von dieser Einsicht ausgehend, scheint es manchmal, als seien Schulen Brutstätten der Armut. Schläfrigkeit und andere Arten unterrichtsfremden Verhaltens hindern viele Schüler daran, die hervorragende Bildung zu erwerben, die sie im Leben brauchen.

Warum legen so viele Schüler ihre Hände in den Schoß, um zu ruhen, wenn sie doch an der Arbeit sein sollten? Wenn einige in der Schule zurückbleiben, liegt es an ihrer Faulheit. Andere fürchten zu versagen, weil sie Perfektionisten sind. Lieber lassen sie ihre Arbeit schleifen, als Ergebnisse zu erbringen, die unter ihren Möglichkeiten liegen. Viele Schüler machen, was sie interessiert, aber eben nicht Schulaufgaben. Die kann man immer noch später erledigen.

Als Junge begründete ich mein Nichtstun immer damit, dass ich die Aufgaben auch noch später erledigen konnte. Und so verspielte ich regelmäßig Gelegenheiten zu lernen und verbrachte stattdessen dummerweise meine Zeit mit Fernsehen und anderen Ablenkungen, wo ich doch eigentlich für die Schule hätte lernen sollen. Ich war ein meisterhafter Aufschieber, der sich mit halbfertiger Arbeit zufriedengab, und ich tat nur gerade genug, um mich durch die Schule zu mogeln. Obwohl mein Verhalten für die Lehrer anstrengend war, forderte mich nie jemand ernsthaft auf, meine Einstellung zu ändern. Die Folgen meines Aufschiebens schienen mir weit entfernt im Vergleich mit dem Vergnügen, „die Hände ein wenig in den Schoß [zu] legen, um zu ruhen."

Dieses Verhaltensmuster setzte sich fort bis zu meinem zweiten Jahr als Student an der Hochschule, als ich einen Kurs in Kirchengeschichte bei einem Professor belegte, den ich sehr achtete. Meine Hausarbeit für diesen Kurs befasste sich mit Bernhard von Clairvaux, einem Abt und Kirchenleiter des 12. Jahrhunderts. Wie ich es gewohnt war, las ich vieles von und über Bernhard, konnte mich aber erst am Abend vor dem Abgabetermin überwinden,

Über Schüler

die Arbeit zu Papier zu bringen. Einige Wochen später gab der Professor die Arbeiten zurück, und meine Note war nicht gerade herausragend. Woran ich mich aber am meisten erinnere, das ist sein Kommentar unter der Arbeit. Er schrieb: „Ihre Schwächen hindern Sie daran, ein erstklassiger Wissenschaftler zu sein. Ich bin überzeugt, Sie können es viel besser."

Ich las seine Worte und dachte: „Wow! Mein Professor glaubt wirklich, ich kann ein Top-Wissenschaftler sein!" Vorher hatte ich nicht viele Gedanken daran verschwendet, Wissenschaftler zu sein, geschweige denn Top-Wissenschaftler. Aber ich war begeistert. Mein Professor glaubte an mich oder wenigstens an das, was aus mir werden konnte. Er brachte mich dazu, selbst an mich glauben zu wollen.

Lehrer, die an ihre Schüler glauben, fügen dem Lernen einen wesentlichen Bestandteil hinzu. Sie laden ihre Schüler ein, an der allgemeinen akademischen Diskussion teilzunehmen, und fordern sie auf, einen Beitrag zu leisten. Diese Schüler fühlen sich gewollt, und oft lassen sie sich dazu bewegen, das Beste aus den Gelegenheiten zu machen, die der Lehrer ihnen gibt.

Sind Lehrer immer erfolgreich bei ihren Versuchen, Schüler aus ihrem Schulschlaf aufzuwecken? Wahrscheinlich nicht. Aber weil Lehrer sie herausgefordert haben, haben sich viele Schüler so wie ich irgendwann entschieden, sich aufzumachen und den Schlaf auf die Zeit zu verschieben, wenn die Arbeit getan ist.

Auf, denn die Nacht wird kommen,
auf mit dem jungen Tag!
Wirket am frühen Morgen,
eh's zu spät sein mag!
Wirket im Licht der Sonnen,
fanget beizeiten an!
Auf, denn die Nacht wird kommen,
da man nicht mehr kann.

(Englisch: *Work, for the night is coming,* von Anna L. Coghill, deutsch von Theodor Kübler, 1875)

Bescheidene Schüler

Wer sich aber selbst erhöht, der wird erniedrigt werden;
und wer sich selbst erniedrigt, der wird erhöht werden.
(Matthäus 23,12)

Ich erinnere mich, dass ich zu Anfang meines Studiums den Gospelsong „Brighten the corner where you are" („Erhelle die Ecke, wo du bist") gesungen und gedacht habe: „Das ist es, was mit dem Christentum nicht stimmt. Wir Christen sind zu schüchtern. Wir sollten große Dinge planen, um den Namen Jesu in der Gesellschaft groß zu machen. Zu viele Leute begnügen sich damit, in ihrer Ecke zu bleiben." Inzwischen bin ich nicht mehr so sicher. Meine Haltung von damals könnte mehr mit dem zu tun haben, was in der Gesellschaft als wichtig gilt, als mit dem, was die Bibel sagt.

Jesu Warnung vor der Gefahr, uns zu erhöhen, sollte in jeder christlichen Schule wiederholt werden. Die Lehrer sollten ihren Schülern sagen: „Versucht nicht, euch selbst einen Namen zu machen, sondern gebt euch Mühe, andere an die erste Stelle zu setzen und dadurch Jesu Namen mehr Achtung in den Augen einer Welt, die zusieht, zu verschaffen."

Tun Schulen das? Wieder bin ich nicht sicher. Immer wenn Schulen ihre besten Schüler und Sportler mit Lob und mit Preisen überhäufen, wenn sie Schülern für gutes Benehmen Belohnungen versprechen, senden sie dann nicht eine ganz andere Botschaft an ihre Schüler? Es ist ein kleiner Schritt für Schüler vom Gefühl berechtigter Zufriedenheit über ihre Arbeit hin zum Schwelgen in all der Aufmerksamkeit, die gute Arbeit mit sich bringt. Ja, Schüler können durchaus darauf schließen, dass besondere Anstrengung ihrerseits sie dazu berechtigt, gelobt zu werden.

Vor einigen Jahren befragte ich Hunderte von Schülern und Lehrern in zwölf fest etablierten christlichen Schulen. Was ich herausfand, beunruhigte mich. Die Wertvorstellungen der Schüler orientierten sich oft an den Werten der allgemeinen Kultur. Die eigene Ruhe und persönlicher Wohlstand, wie Francis Schaeffer herausgestellt hat, schienen den Schülern mehr zu bedeuten als der Dienst für Jesus und für andere. Diese Schüler erwarteten, dass sie in der Schule ausgebildet würden, um ein angenehmes Leben führen zu können.

Was wendet Schüler weg von Ichzentrierung und Stolz zu Zielorientierung und Bescheidenheit? Gibt es Verantwortungen, die man ihnen in der Schule übertragen kann, die dazu führen, dass sie ihre Anteilnahme und ihr Interesse von sich auf andere verlagern? In Jakobus 1,23-24 heißt es: „Jeder, der das Wort nur hört und nicht danach tut, der ist wie ein Mann, der in den Spiegel sieht. Er betrachtet sich, läuft davon und hat schon vergessen, wie er aussah" (NeÜ). Schulen sollten Gelegenheiten vorsehen, die Schülern helfen, sich daran zu erinnern, „wie sie aussehen".

Eine Möglichkeit, um Schüler von Ichzentrierung zur Ausrichtung auf andere zu führen, besteht in regelmäßigen „Dienst"-Zeiten als einem festen Bestandteil des Lehrplans. Ich habe erfahren, dass eine bestimmte Schule ihre älteren Schüler an einem Nachmittag in der Woche in Pflegeheime, Suppenküchen und besondere Erziehungseinrichtungen ihrer Stadt schickt. Das hat dazu geführt, berichtet die Schule, dass die Schüler eine dienende Haltung entwickeln und mehr Einsatz für Jesus und für die Werte ihrer Schule zeigen.

Schulen, die ihre Schüler zu einer Haltung der Bescheidenheit führen wollen, können damit beginnen, dass sie das Scheinwerferlicht von ihnen weg drehen und auf die Bedürfnisse anderer in ihrem Ort richten. Wenn Schulen ihren Schülern Gelegenheit geben, dazu beizutragen, diese Bedürfnisse zu erfüllen, führt das sehr oft zu einem weiteren Gewinn: Schüler finden zunehmend Gefallen daran, das Wohlergehen anderer vor ihr eigenes zu stellen. Sie sind damit zufrieden, die Ecke zu erhellen, wo sie sind.

> *Wir haben einen Gott und Herrn,*
> *sind eines Leibes Glieder,*
> *drum diene deinem Nächsten gern,*
> *denn wir sind alle Brüder.*
> *Gott schuf die Welt nicht bloß für mich,*
> *mein Nächster ist sein Kind wie ich.*
> *Was ich den Nächsten hier getan,*
> *den Kleinsten auch von diesen,*
> *das sieht er, mein Erlöser, an,*
> *als hätt' ich's ihm erwiesen.*
> *Und ich, ich sollt' ein Mensch noch sein*
> *und Gott in Brüdern nicht erfreu'n?*

(Christian Fürchtegott Gellert, 1757)

Über das Unterrichten

Alles Lernen geschieht in einem Kontext, in einer Klassengemeinschaft mit ihrer eigenen Kultur und ihren eigenen Werten. Welche Art von Klassengemeinschaft fördert am besten das Wachstum und Verständnis der Schüler? Nicht jeder Unterricht muss in jeder Einzelheit wie jeder andere sein, aber es gibt gewisse Konstanten im Unterricht an einer christlichen Schule.

Dieser Unterricht nimmt die Unterschiede zwischen Schülern ernst, und Lehrer bereiten „maßgeschneiderte" Tätigkeiten vor, um den fachlichen Lernbedürfnissen unterschiedlich geprägter Schüler zu entsprechen. Solchen Lehrern ist klar, dass Schüler unterschiedliche Lernstile haben, weil Gott in seiner Güte Schüler so gestaltet hat, dass sie Informationen auf verschiedene Arten verarbeiten. Gott hat Schüler in seinem Bild erschaffen, aber er hat dabei keine Ausstechform benutzt!

Unterricht an einer christlichen Schule spornt Schüler auch dazu an, ein größeres Bild zu sehen, sodass sie wissen, dass die Fertigkeiten und das Wissen, das sie erwerben, Teil einer größeren Geschichte sind. Wissenserwerb geschieht nicht um seiner selbst willen, sondern ist ein Mittel zu dem Ziel hin, Gottes Absichten in der Welt zu verstehen, ihnen nachzugehen und sich über sie zu freuen.

Die Andachten in diesem vierten Teil beschreiben den Unterrichtsraum nicht als einen Ort, der immer gleich geprägt ist. Er ist ein Ort des Feierns und der Freude, aber auch der Klage und der Umkehr. In diesem Sinne ist er ein Mikrokosmos der umgebenden Welt, in der wir alle unter dem Blick Gottes leben.

Feiern

Drei Dinge sind mir zu wunderbar, ja, vier begreife ich nicht: den Weg des Adlers am Himmel, den Weg der Schlange auf einem Felsen, den Weg des Schiffes mitten im Meer und den Weg des Mannes zu einer Jungfrau.
(Sprüche 30,18-19)

Vor vielen Jahren, als mein Sohn noch nicht zur Schule ging, drückte er seine Bewunderung für die Schönheit eines sommerlichen Sonnenuntergangs mit den Worten aus, der Himmel sei total „rosa und Musik". Es gibt vieles, was uns beglücken und überwältigen kann, wenn wir Augen zum Sehen haben. Der Verfasser des obigen Spruches entdeckte Staunenswertes und Geheimnisvolles in den Bewegungen der Schöpfung um ihn herum: Erhabenheit im Alltäglichen.

Schulen haben das Vorrecht, sich mit Adlern, Schlangen, Schiffen und sogar mit Liebe zwischen zwei Menschen zu beschäftigen. Und doch ist es möglich, *in* Gottes Welt lebendig zu sein, ohne *für* seine Welt lebendig zu sein. Wie kommt das? Ein Schüler kann die Herausforderung einer Mathematikaufgabe mit der Klage abtun, dass sie zu schwierig sei. Ein Lehrer kann die Unterrichtsabläufe abarbeiten und sich wünschen, es wäre schon Wochenende. Beide werden in der Schule wenig Anregendes entdecken. Manchmal gleichen wir jemandem, von dem es an einer anderen Stelle in den Sprüchen heißt: „,Ein wenig schlafen, ein wenig schlummern, die Hände ein wenig in den Schoß legen, um zu ruhen' – so kommt deine Armut wie ein Wegelagerer und dein Mangel wie ein bewaffneter Mann" (24,33-34).

Christliche Lehrer haben allen Grund, ihren Schülern zu sagen: „Schaut mal, was ich unter dem Mikroskop gefunden habe! Ist das nicht erstaunlich?" Oder: „Dein Aufsatz gefällt mir richtig gut. Du zeigst eine bemerkenswerte gedankliche Tiefe und kannst geschickt formulieren." Schüler eifern einem Lehrer nach, der neugierig und interessiert ist und es schätzt, Dinge zu entdecken. Leider tun Schüler es auch Lehrern gleich, die hinter ihrem Pult sitzen, „die Hände falten, um zu ruhen", und auf das Ende der Stunde warten.

Schüler brauchen Lehrer, die ihre eigenen Sprüche darüber schreiben, was sie faszinierend und erstaunlich finden. Hier ist einer: „Drei Dinge sind mir zu wunderbar, ja, vier begreife ich nicht: die tiefe Einfachheit eines kind-

Über das Unterrichten

lichen Gedichts, eine nach langem Überlegen gelöste Mathematikaufgabe, die Leidenschaft eines harten Kampfes beim Basketballspiel und die freudigen Blicke von Schülern, die ihre Bücher zusammenpacken und sich nach einem Tag voll Arbeit auf den Weg nach Hause machen."

Mein Auge sieht, wohin es blickt,
die Wunder deiner Werke;
der Himmel, prächtig ausgeschmückt,
preist dich, du Gott der Stärke.
Wer hat die Sonn an ihm erhöht?
Wer kleidet sie mit Majestät?
Wer ruft dem Heer der Sterne?
Dich predigt Sonnenschein und Sturm,
dich preist der Sand am Meere.
Bringt, ruft auch der geringste Wurm,
bringt meinem Schöpfer Ehre!
Mich, ruft der Baum in seiner Pracht,
mich, ruft die Saat, hat Gott gemacht;
bringt unserm Schöpfer Ehre!

(Christian Fürchtegott Gellert, 1757)

Ehrfurcht und Staunen

Wenn ich deinen Himmel betrachte, das Werk deiner Finger, den Mond und die Sterne, die du bereitet hast: Was ist der Mensch, dass du an ihn gedenkst, und der Sohn des Menschen, dass du auf ihn achtest? Du hast ihn ein wenig niedriger gemacht als die Engel; mit Herrlichkeit und Ehre hast du ihn gekrönt. Du hast ihn zum Herrscher über die Werke deiner Hände gemacht; alles hast du unter seine Füße gelegt.
(Psalm 8,4-7)

Vor einigen Jahren hospitierte ich an einem warmen Frühlingsnachmittag in einer vierten Klasse. Die Schüler waren erhitzt und unruhig. Der Lehrer trug etwas vor, aber die Schüler waren nicht in der Verfassung, ruhig dazusitzen und aufzunehmen, was er sagte.

Ich war auch müde und abgelenkt, und ich begann, das zu tun, was ich auch als Schüler oft tat: Ich träumte mit offenen Augen. Ich begann, darüber nachzudenken, wie eine Klasse sein würde, in der die Schüler nicht gelangweilt und unruhig wären. Ich schaute im Raum umher, und mein Blick blieb an der Liste mit Klassenregeln hängen, die an der Wand hing. Es gab drei davon: 1. Melde dich, bevor du redest. 2. Respektiere das Eigentum anderer. 3. Verlass den Klassenraum nicht ohne Erlaubnis. Das waren gute Regeln, alle aufgestellt, um Klarheit und Ordnung im Klassenraum zu fördern.

In diesem Augenblick – vielleicht war mir zu warm; ich weiß es nicht – nahm ich nur Regeln wahr, die Gehorsam betonten, aber wenig Raum für Spontaneität ließen. Ich dachte, es müsste eine vierte Regel geben: Jeder Schüler soll eine Viertelstunde am Tag kreativ mit offenen Augen träumen!

Ich erzähle diese Geschichte, um zu verdeutlichen, dass eine Art, in der Sünde das verzerrt, was in der Schule vor sich geht, an der falschen Wahrnehmung liegt, die Lehrer von ihren Schülern haben. Die Dominanz von Lehrervorträgen und alles reglementierenden Vorschriften sind Symptome dieser Verzerrung. Wenn das Ziel der Effizienz in einem Klassenraum so vorherrscht, dass Lehrer Schüler in derselben Weise betrachten wie ein Vorarbeiter am Fließband Produkte betrachtet, die am Band an ihm vorbeiziehen, dann geht die Erhabenheit von Schülern, die doch Gottes Ebenbild tragen, verloren. Ein Ergebnis davon ist, dass Lehrer Gefahr laufen, die Kreativität und Spontaneität derer zu zerquetschen, die staunenswert und wunderbar geschaffen sind.

Über das Unterrichten

Solche Lehrer bringen möglicherweise Schüler hervor, die ziemlich gut im Ausfüllen von Lücken im Arbeitsheft sind, aber nie die Fähigkeit entwickeln, die Schöpfung mit Ehrfurcht und Staunen anzusehen.

Davids Bild zeigt uns eine Person, die „mit Herrlichkeit und Ehre gekrönt" ist. Wenn Lehrer ihre Schüler so sehen, wie Gott sie gemacht hat, suchen sie nach Wegen, wie sie ihr Potenzial entwickeln können, weise über Gottes Schöpfung zu herrschen.

Brauchen wir Effizienz und Ergebnisorientierung im Unterricht? Selbstverständlich. Aber manchmal können einfach Gelegenheiten zum Nachdenken und Staunen Schülern genauso gut tun wie ein Tag voller Unterrichtsnotizen und Tests. Um das zu erreichen, sollten Lehrer ihre Unterrichtsgewohnheiten und die Klassenregeln überprüfen. Vielleicht werden einige dann ihre eigene Regel Nr. 4 an der Wand aufhängen.

Unsere Zeiten sind in deiner Hand, Herr. Hilf uns, in unserem Unterricht zu erkennen, wann und wie gearbeitet werden soll und wann und wie eine Pause eingelegt und nachgedacht werden soll. In Jesu Namen. Amen.

Eine ganzheitliche Sicht der Schöpfung

Dieser ist das Ebenbild des unsichtbaren Gottes, der Erstgeborene, der über aller Schöpfung ist. Denn in ihm ist alles erschaffen worden, was im Himmel und was auf Erden ist, das Sichtbare und das Unsichtbare, seien es Throne oder Herrschaften oder Fürstentümer oder Gewalten: alles ist durch ihn und für ihn geschaffen; und er ist vor allem, und alles hat seinen Bestand in ihm.
(Kolosser 1,15-17)

In diesem Abschnitt legt sich Paulus mit der falschen Vorstellung an, das Geistige sei gut, das Materielle aber böse. Stattdessen verkündet er ein christuszentriertes Universum, in dem Jesus nicht nur Schöpfer ist, sondern auch persönlich alles für seine eigenen Ziele zusammenhält. Sowohl das Sichtbare als auch das Unsichtbare, sowohl das Stoffliche als auch das Geistige hat er erschaffen.

Gott freut sich über seine Schöpfung, und wir, die wir in ihr leben, tun das vor seinem aufmerksamen Blick. Das sind gute Nachrichten für Menschen, die in christlichen Schulen unterrichten. Lehrer müssen, was sie unterrichten, nicht rechtfertigen, indem sie sagen, es sei für den Test oder den späteren Beruf notwendig. Tests gut zu schaffen und sich auf den Beruf vorzubereiten, ist in Ordnung, aber es sind untergeordnete Ziele. Der wichtigste Grund, sich mit der Schöpfung im naturwissenschaftlichen Unterricht, in Mathematik oder irgendeinem anderen Fach zu beschäftigen, ist, dass sie von Gott kommt und zu unserem Guten dient. Wir lernen, um uns über das zu freuen, worüber Gott sich freut!

Johannes Calvin veranschaulicht, wie wir uns über das freuen, was Gott uns zur Verfügung stellt: „Nun, wenn wir darüber nachdenken, warum Gott Nahrung gemacht hat, werden wir herausfinden, dass es ihm nicht nur um unsere Bedürfnisse ging, sondern auch um unser Vergnügen und unser Hochgefühl." Das Geschaffene soll nicht bloß genutzt werden, schreibt Calvin, sondern ergriffen und gefeiert als etwas, das in sich gut ist.

Sünde verunstaltet die Schöpfung und uns mit ihr, und deshalb verstehen wir sie nicht und leben nicht in ihr, wie wir es sollten. Sünde bringt aber Gott nicht dazu, seine Welt aufzugeben. Er hält uns und die Welt weiter aufrecht. Leider verstehen wir Gottes Absichten in der Schöpfung nicht immer richtig. Spuren heidnischer Vorstellungen bleiben, und wir ziehen eine

Über das Unterrichten

Trennlinie zwischen dem Geistigen und dem Körperlichen, als ob das eine gut und das andere böse wäre.

Das habe ich bei einer Veranstaltung in der Hochschule, an der ich lehre, beobachtet. Eine Tanzgruppe führte eine Interpretation einer Hymne vor, die zu Gottes Ehre geschrieben worden war. Das Zusammenspiel von Form und Bewegung im Tanz im Einklang mit den erhabenen Tönen der Musik machte die Vorführung zu einem ästhetischen Fest für Ohren und Augen, alles zu Gottes Ehre. Nach der Vorführung dankte ich einer der Tänzerinnen für dieses „Fest". Sie erwiderte: „Oh nein, das sollte kein ästhetisches Fest sein, es sollte eine Form der Anbetung sein." Ich versicherte ihr, die Vorführung habe mich tatsächlich zum Lob Gottes gebracht. Später, als ich über ihre Bemerkung nachdachte, fragte ich mich, ob aus ihrer Sicht die geistliche Absicht der Vorführung nötig war, um die Musik und den Tanz zu rechtfertigen. Leute, die glauben, die Schöpfung sollte zwar benutzt, aber nicht genossen werden, würden so denken.

Wo ziehst du die Grenzlinie in deinem Unterricht? Zwischen dem Körperlichen und dem Geistlichen oder zwischen einem liebenden Gott und seiner geistigen und materiellen Schöpfung? Wer das Zweite tut, versteht, dass Gott eine gute Schöpfung hervorgebracht hat, damit wir geistig-körperlichen Wesen sie in seinem Namen genießen.

> *Den Gipfel eines Berges, den Fluss im tiefen Tal,*
> *den Abend und den Morgen, den ersten Sonnenstrahl,*
> *den Nordwind tief im Winter, die warme Sommerglut,*
> *die reife Frucht im Garten, Gott ist's, der all dies tut.*
> *Nun singt aus vollen Kehlen ein Lied, das Gott gefällt.*
> *Preist seine Macht und Güte: Wie schön ist diese Welt!*
> *Alle Dinge dieser Welt in ihrer ganzen Pracht,*
> *alle Wesen, groß und klein, der Herr hat sie gemacht.*

(Englischer Liedtext von Cecil Alexander, vom Autor des Buches gekürzt. Deutsche Übertragung von Alex Grendelmeier; Copyright für den deutschen Text: Oxford University Press, 1997)

Das große Bild

Denn von ihm und durch ihn und für ihn sind alle Dinge;
ihm sei die Ehre in Ewigkeit! Amen.
(Römer 11,36)

Jan ist ein typischer Schüler. Er interessiert sich für viele Dinge im Leben und auch für einige Dinge in der Schule. Aber sein Interesse an dem, was er in der Schule lernt, ist sehr ungleichmäßig. Einige Aufgaben motivieren ihn, sich anzustrengen, mit anderen befasst er sich nur halbherzig. Meistens sieht Jan nicht das übergreifende Ziel von Schule, und so geht er vom Mathematikunterricht zum Religionsunterricht, von dort zu Biologie oder Physik, und nirgendwo sieht er ein Muster, das alle seine Fächer verbindet. Sie sind wie einzelne Felsblöcke, auf die er treten muss, um den Fluss zu überqueren.

Dann hört Jan im Schulgottesdienst: Jesus ist Herr der Schöpfung und „von ihm und durch ihn und für ihn sind alle Dinge." Jan hört zu, aber er fragt sich, was das soll. Ist das einfach religiöse Sprache und ohne Bedeutung für das, was er in Mathe lernt? Manchmal bezweifelt Jan, dass er die große Wahrheit der Botschaft des Evangeliums mit all den kleineren und unverbundenen Wahrheiten, von denen er in den Unterrichtsfächern hört, verbinden kann. Er sieht in der Schule das „große Bild" nicht.

„Alle Wahrheit ist Gottes Wahrheit." „Alle Dinge sind in Jesus verbunden." Solche und ähnliche Sätze hallen durch die Räume der meisten christlichen Schulen, vor allem bei Lehrerkonferenzen. So sollte es auch sein, denn die Bibel betont, dass in ihm „alle Schätze der Weisheit und der Erkenntnis verborgen sind" (Kolosser 2,3) und alles „seinen Bestand in ihm" hat (Kolosser 1,17).

Trotzdem wissen Lehrer auch, dass die Fragmentierung des Wissens und das zusammenhanglose Unterrichten von Fachinhalten in der Schule weit verbreitet und die großen Feinde des Verstehens sind. Alfred North Whitehead warnt vor unzusammenhängenden Aufgaben für Schüler wie Jan: „Man darf den nahtlosen Mantel des Lernens nicht zerteilen." Und: „Wir müssen das tödliche Isolieren von Fächern ausmerzen, weil es das Leben aus unserem modernen Lehrplan heraustreibt."

Starke Ausdrücke! Es ist aber leichter, das Fehlen eines Zusammenhangs im Lehrplan zu beklagen, als etwas dagegen zu tun. Widersprüchlichkeit,

Über das Unterrichten

Oberflächlichkeit und das Fehlen sinnvoller Verknüpfungen überlagern oft die Bemühungen um ganzheitliches Lernen.

Ich habe von einer Schule gehört, die dieses Problem mit einem interdisziplinären Kurs in „Menschheit und Kultur" angeht, der für alle Neuntklässler verpflichtend ist. Dieser Kurs soll Schülern helfen, als Christen über die großen Probleme nachzudenken, mit denen ihre Welt konfrontiert ist. Hier arbeiten Geschichte, Literatur, Geographie, Naturwissenschaften und andere Fächer zusammen, um diese Fragen zu untersuchen, und zwar alle aus einem christlichen Blickwinkel.

Was unternimmt deine Schule, um den Jans an deiner Schule zu helfen? Fachliche und fächerübergreifende Ansätze zu verbinden, ist ein möglicher Weg. Lehrer wissen, dass Schüler besser lernen, wenn sie nicht nur die Quelle alles Wissens kennenlernen, sondern auch den vielschichtigen Zusammenhalt dieser Wahrheit sehen. Wenn Schüler dieses große Bild erkennen und ihr Lernen darin einordnen können, ist es viel wahrscheinlicher, dass sie ihr Interesse an der Schule aufrechterhalten. Besser noch, vielleicht kommen sie dahin, mit dem Apostel Paulus zu sagen: „Denn von ihm und durch ihn und für ihn sind alle Dinge; ihm sei die Ehre in Ewigkeit! Amen."

Herr, vergib uns, wenn wir die Sterne anschauen und nur Sterne sehen. Vergib uns, wenn wir etwas über deine Welt lesen und nur Wörter sehen. Hilf uns, unseren Schülern zu helfen, Christen mit einem Blick für das große Bild zu werden. In Jesu Namen. Amen.

Der Heilige Geist im Klassenraum

Er möge euch nach dem Reichtum seiner Herrlichkeit mit Kraft beschenken,
dass ihr durch seinen Geist innerlich stark werdet.
(Epheser 3,16; NeÜ)

Jede gute Gabe und jedes vollkommene Geschenk kommt von oben herab,
von dem Vater der Lichter, bei dem keine Veränderung ist,
noch ein Schatten infolge von Wechsel.
(Jakobus 1,17)

Wenn wir um die Hilfe des Heiligen Geistes in unserem Unterricht beten, welche Antwort auf unser Gebet erwarten wir dann? Oft wird es dadurch beantwortet, dass eine Atmosphäre der Annahme und Offenheit an die Stelle von Angst tritt. Wenn die Schüler dem Lehrer vertrauen, ist es viel wahrscheinlicher, dass sie sich beim Lernen engagieren. Jeder Lehrer und jede Lehrerin weiß es: Vertrauen ist der Schlüssel zu einem fruchtbaren Austausch zwischen Lehrern und Schülern. Wir sollten für solches Vertrauen beten.

Es gibt Zeiten, da ist das Problem ein fachliches. Lehrer kennen den Frust, zu ihren Schülern nicht durchdringen zu können. Der Lehrstoff ist schwer zu unterrichten, und manchmal fehlt uns Lehrern die nötige Klarheit bei unseren Erklärungen. Hilft der Heilige Geist, fachliche Probleme zu lösen? Ich glaube, ja.

Manchmal bin ich verwirrt, wenn ich mich durch Ideen hindurchkämpfe, die nicht zusammenzupassen scheinen. Plötzlich aber passt alles zusammen, wie die Teile eines Puzzles. Mir wird klar, was geschehen ist, und ich schicke ein einfaches Dankeschön für den Durchbruch an Gott. Christen, die zum Lob Gottes singen „Lobt Gott, von dem der Segen fließt", lernen, die Hilfe des Heiligen Geistes auf unterschiedlichste Weise zu erwarten. Wirklich, „jede gute Gabe und jedes vollkommene Geschenk kommt von oben", wie es Jakobus sagt.

Jesaja beschreibt diese göttliche Hilfe in seinem Bild von der Arbeit eines Bauern: „Pflügt der Ackersmann den ganzen Tag, um zu säen? Zieht er Furchen und eggt er auf seinem Acker den ganzen Tag? ... Und dieses Vorgehen lehrte ihn sein Gott; er unterwies ihn" (Jesaja 28,24.26). Matthew Henry betont, wir können auf den Heiligen Geist zählen, dass er uns hilft, „unsere

Über das Unterrichten

Pflicht mit Kraft und Fröhlichkeit zu tun." Auch wir Lehrer können Gott bitten, uns beizubringen, wie wir unsere Arbeit tun können.

Tatsächlich läuft diese Haltung der Tradition einiger Christen zuwider, die die Gegenwart des Heiligen Geistes auf Gebetszeiten und den Gottesdienst begrenzen. Die Gemeinde ist der Bereich des Glaubens, sagen sie, aber in der Schule geht es um das Lernen von Fakten. Was hat der Heilige Geist mit Lernen zu tun?

Die britische Pädagogin Charlotte Manson hielt den Heiligen Geist für den wesentlichen Erzieher für Schüler. Sie schrieb einmal: „Was für eine Revolution wäre es, wenn wir einmal kapieren würden, dass so staubtrockene Fächer wie Grammatik und Mathematik Kinder erreichen sollen, die lebendig sind mit dem Leben des Heiligen Geistes, der doch, wie uns gesagt wird, ‚euch alles lehren wird'." Wenn Schüler einen schwierigen Stoff auf einmal verstanden haben, ist das, als würden sie lebendig. Sie sind erleichtert und glücklich.

Vieles bleibt für uns ein Geheimnis. Ein Skeptiker sieht den Schüler, dem plötzlich ein Licht aufgeht, und erklärt, was geschehen ist, ausschließlich auf einer rationalen Ebene. Vielleicht hat der Skeptiker manchmal sogar Recht. Meine eigene Erfahrung bringt mich dazu, zu glauben, dass er in der Regel nicht Recht hat.

Herr, füll mich neu, füll mich neu mit deinem Geiste,
der mich belebt und zu dir, mein Gott, hinzieht!
Hier bin ich vor dir.
Leer sind meine Hände.
Herr, füll mich ganz mit dir!

(Jesus-Bruderschaft Gnadenthal)

Das Herz erreichen

… dass ihr in Hinsicht auf euer früheres Leben den alten Menschen abgelegt habt. Denn der richtet sich in Verblendung und Begierden zugrunde. Ihr dagegen werdet in Geist und Sinn erneuert, da ihr ja den neuen Menschen angezogen habt, den Gott nach seinem Bild erschuf und der von wirklicher Gerechtigkeit und Heiligkeit bestimmt ist.
(Epheser 4,22-24; NeÜ)

Jean Belz berichtet von einer Begegnung mit einem Schüler, der im Unterricht oft „Ich weiß nicht" sagte. „Was würdest du denn sagen, wenn du es wüsstest?", fragte sie ihn. Manchmal war der Schüler so überrascht, dass er doch eine Antwort versuchte. Alle Schüler sind gern auf alles Mögliche neugierig, aber nicht unbedingt auf das Thema des Unterrichts.

Es kommt vor, dass Lehrer eine ausgearbeitete Stundenplanung mitbringen und ihre Schüler trotzdem abgelenkt sind. Als Heidi in den Klassenraum kommt, denkt sie noch über ihren Streit mit ihrem Freund nach. Andreas träumt davon, im nächsten Fußballspiel mitzuspielen. Laura macht sich Sorgen, weil ihre Eltern so häufig streiten. Ben arbeitet an seiner Hausaufgabe für die folgende Stunde. Schüler erscheinen im Unterricht häufig mit schwerwiegenden Sorgen, die sie daran hindern, sich auf das eigentliche Unterrichtsthema zu konzentrieren. Für sie ist „Ich weiß es nicht" ein Weg, um sich nicht einzubringen. Schulische Themen sind gerade außen vor.

Lernen beginnt mit dem Herzen und bezieht das ganze Sein des Schülers ein, erklärt Harro Van Brummelen. Christliche Lehrer wissen, dass sie die Herzen der Schüler erreichen und ihnen zeigen müssen, dass, was in der Schule läuft, auf ihre tiefsten Bedürfnisse und Wünsche abzielt. Wenn andererseits eine große Diskrepanz besteht zwischen der Erfahrung der Schüler und dem, womit sie sich im Unterricht beschäftigen, führt das oft zu Langeweile. Schüler müssen die Bedeutung des Gelernten sehen und es als persönlich bedeutsam akzeptieren. Wenn Schüler bereit sind, sich auf etwas einzulassen, weil sie es als wahr erkennen, werden sie auch entsprechend handeln. Dann ist ihre Sicht der Welt größer geworden, und ihre Fantasie wird von neuen Möglichkeiten angefeuert.

Manchmal muss ein Lehrer unkonventionell denken, um Schüler für den Unterricht zu gewinnen. Als Sechstklässler las ich Texte im besten Fall mit

Gleichgültigkeit. Meine Lehrerin gab mir Robert Stevensons historischen Roman „The Black Arrow" („Der schwarze Pfeil") zu lesen und sagte, ich sollte mich mit nichts anderem beschäftigen, während ich das Buch las. Bald ging ich völlig in dieser Abenteuergeschichte auf. Was noch wichtiger ist, mit dieser Lektüre begann meine lebenslange Vorliebe für Bücherlesen. Das ungewöhnliche Vorgehen meiner Lehrerin durchbrach meine Gleichgültigkeit und war ein Geschenk für mich, das sich mir seitdem als sehr nützlich erwies.

Letztlich werden Unterrichtsvorhaben, die Schüler anregen und sie zu genauen Beobachtungen führen, nicht um ihrer selbst willen durchgeführt. Für die Aufgabe einer christlichen Schule ist es von zentraler Bedeutung, Schülern zu zeigen, dass sie „geschaffen sind, um wie Gott zu sein in wahrer Gerechtigkeit und Heiligkeit". Sie haben eine neue Einstellung zu dem, was sie als wahr erkannt haben, und sie gehen auf neue Weise damit um. Für solche Schüler ist „Ich weiß es nicht" nicht mehr eine Barrikade auf dem Weg zum Lernen, sondern ein Anstoß, sich auf ein neues Abenteuer in Gottes Schöpfung einzulassen.

Nimm mein Leben! Jesus, dir
übergeb ich's für und für.
Nimm Besitz von meiner Zeit;
Jede Stund sei dir geweiht.
Nimm, Herr, meinen Willen du,
dass er still in deinem ruh;
nimm mein Herz, mach hier es schon
dir zum Tempel und zum Thron!

(Englischer Liedtext von Frances R. Havergal,
deutsch von Dora Rappard, 1887)

Die Welt lieben

Habt nicht lieb die Welt, noch was in der Welt ist! Wenn jemand die Welt lieb hat, so ist die Liebe des Vaters nicht in ihm.
(1. Johannes 2,15)

Es sieht so aus, als stelle dieser Text ein Problem für Lehrer an christlichen Schulen dar. Wenn wir die Welt nicht lieben sollen und auch nicht, was in der Welt ist, womit sollen wir uns dann in der Schule beschäftigen? Nur Themen, die das Jenseits betreffen? Einige sagen, ja, so ist es. Sie sagen, wir sollten aus der Welt fliehen und uns auf die Gemeinschaft mit Gott konzentrieren, wie es Mönche und Nonnen über die Jahrhunderte getan haben.

Andere sagen, wir sollten uns mit der Welt befassen, sie aber nicht lieben. Der Grund, warum wir uns mit Naturwissenschaften, Geschichte und Literatur beschäftigen, liege darin, dass wir das Wissen nutzen, um in dieser Welt zu leben, aber eindeutig nicht, um diese weltlichen Dinge zu genießen.

Meint Johannes das, wenn er uns auffordert, die Welt nicht zu lieben? Die Dinge der Welt nutzen, aber sie nicht genießen? Ja, Gott, den Vater, zu lieben, steht an erster Stelle, aber wir müssen uns darüber im Klaren sein, was der Liebe zum Vater entgegensteht. Die Liebe zur Musik? Das Gefühl, etwas geschafft zu haben, wenn ich die Bezeichnungen aller Knochen im menschlichen Körper beherrsche – steht das der Liebe zum Vater entgegen?

Johannes beantwortet diese Fragen im nächsten Vers: „Denn nichts von dem, was in der Welt ist, kommt vom Vater: Die Gier des eigenwilligen Menschen, seine begehrlichen Blicke, sein Prahlen mit Besitz und Macht – das alles gehört zur Welt" (Vers 16, NeÜ). Unsere sündigen Herzen missbrauchen die Dinge der Welt und plündern sie aus. Auf diese Weise verdrehen sie die angemessene Nutzung dessen, was Gott zu unserem Guten vorgesehen hat. Johannes richtet sich dagegen, wie wir mit der materiellen Welt umgehen – mit Gier, Begehren und Prahlen –, aber nicht gegen die materielle Welt selbst.

Der Theologe Michael Wittmer hilft uns zu verstehen, dass die Bibel, wenn sie sich auf die Welt bezieht, das auf mehr als nur eine Weise tut. Hier spricht Johannes, führt Wittmer aus, von der Welt unter einem ethischen Blickwinkel. Er warnt uns vor sündigem Verhalten. Gott hat uns Talente und Schön-

Über das Unterrichten

heit nicht gegeben, damit wir damit prahlen oder danach gieren; Johannes möchte nicht, dass wir die Welt auf diese Weise lieben.

Andere biblische Bezüge zur Welt, fährt Wittmer fort, sind ihrem Wesen nach ontologisch. Die Ontologie untersucht die Natur der Dinge, und die Bibel erklärt, dass alle Dinge aus Gottes Hand kommen. Das erste Buch Mose (Genesis) spricht ontologisch, wenn es die Erschaffung der Welt in den Tagen der Schöpfung beschreibt. Und Paulus betont, dass, was Gott gemacht hat, nicht zurückgewiesen werden soll. Er schreibt an Timotheus: „Denn alles, was Gott geschaffen hat, ist gut, und nichts ist verwerflich, wenn es mit Danksagung empfangen wird" (1. Timotheus 4,4).

Lehrer müssen beide Arten kennen, in denen die Welt beschrieben wird, und sie in ihren Unterricht einbeziehen. Sie sollen Gottes gute Schöpfung mit ihren Schülern untersuchen und feiern, aber auch vor einem sündigen Umgang mit dem, was er geschaffen hat, warnen.

Ich möchte den Unterschied mit einem Beispiel aus meinem Leben illustrieren: Ich liebe Schokolade. Ich bin fest davon überzeugt, Gott hat sie geschaffen, damit ich sie genieße (und du auch). Warum sonst sorgt er dafür, dass sie so gut schmeckt? Wenn ich aber meinem Verlangen nach Schokolade übermäßig nachgebe, sodass ich keine Grenzen mehr kenne, dann habe ich Gottes Gabe pervertiert und sie zu einem Objekt gottloser Begierde gemacht. Maßlos zu essen heißt, die Welt auf die unethische Weise zu lieben, von der Johannes spricht, und das sollten wir nicht tun.

Herr, wir sind voller Liebe, weil du Liebe bist und uns in deinem Bild gemacht hast. Vergib uns, wenn wir verkehrt lieben. Hilf uns, Schokolade und all die anderen guten Gaben aus deiner Hand auf richtige Weise zu lieben. Hilf uns zu lieben, was du liebst. Um Christi und seines Königreichs willen. Amen.

Barmherzig sein

Darum seid barmherzig, wie auch euer Vater barmherzig ist.
(Lukas 6,36)

Es war Frau Rogers' erstes Jahr als Lehrerin an einer christlichen Schule, und sie wusste nicht, wo ihr der Kopf stand. Ihre Siebtklässler benahmen sich mal wie Erwachsene, mal wie kleine Kinder. Außerdem wusste sie, dass mehrere ihrer Schüler aus einem Zuhause kamen, wo es Spannungen zwischen den Eltern gab. Das schien den Kindern zu schaden, und es mangelte ihnen an gesundem Selbstbewusstsein. Einige kamen hungrig zur Schule, weil sie nicht gefrühstückt hatten.

Frau Rogers fragte sich, was ihre Aufgabe in dieser Situation war. Sollte sie Ersatzmutter sein? Sollte sie ihren Schülern helfen, sich gut zu fühlen, oder sollte sie ihnen Geschichte und Erdkunde beibringen?

Jeder Lehrer kennt das, was Frau Rogers durchmacht, aus eigener Erfahrung. Einige würden sagen, dass Lehrer mit der Klasse als ganzer umgehen und auf gutes *Classroom Management* achten müssen. Klassenräume sollten von Effizienz und Kontrolle geprägt sein, sodass Lernen zuverlässig stattfinden kann. Schüler werden immer irgendwelche Probleme haben, sagen diese Lehrer, aber es ist wichtig, dass diese Probleme nicht dem Lernen im Weg stehen.

Ist es das, was Frau Rogers in ihrem Unterricht braucht – Effizienz und Kontrolle? Nein, ich glaube, sie braucht mehr. Schüler brauchen weniger Verwaltung, stattdessen brauchen sie Förderung. Worin liegt der Unterschied? Fördernde Lehrer unterstützen, schützen und ermutigen Schüler als Individuen, verwaltende Lehrer legen den Schwerpunkt darauf, die Lernumgebung zu organisieren und zu kontrollieren. Das eine Vorgehen erfordert individuelle Einschätzungen und vielleicht manchmal Barmherzigkeit, während *Classroom Management* sich darauf konzentriert, dass Schüler Regeln und Abläufe einhalten.

Donovan Graham fordert christliche Lehrer auf zu überlegen, was sie tun sollten, um für ihre Schüler ein Abbild Jesu zu sein. „Vielleicht ist es nötig, dass wir Effizienz, Kontrolle und eigenes Wohlbefinden opfern", sagt Graham, „damit wir uns in das persönliche Leid ungezogener Schüler einfühlen können." Was das konkret bedeutet, wird je nach Situation unterschiedlich sein. In jedem Fall ist das Prinzip jedoch das gleiche. Schüler sind bedürftige

Menschen, die Tag für Tag die weise Zuwendung des Lehrers auf unterschiedliche Art brauchen.

Kein System des *Classroom Management* kann aus sich selbst heraus eine angemessene und pflegende Förderung von Schülern sicherstellen. Möglicherweise wird kurzfristig unterrichtsfremde Beschäftigung unterbunden, aber nur indem der Schüler oder die Schülerin zum regelkonformen Verhalten gezwungen wird. Einen Gehorsam, der von Herzen kommt, zeigen Schüler, wenn Lehrer auf ihre Herzensangelegenheiten eingehen.

Jesus ruft seine Nachfolger auf, barmherzig zu sein, so wie ihr Vater barmherzig ist. Christen sind dankbar, dass die Barmherzigkeit des Vaters nicht auf Verdienst beruht; denn dann hätte niemand ein Recht darauf. Genauso sind Lehrer barmherzig gegenüber Schülern, die nicht immer das Richtige tun. Barmherzigkeit bedeutet, dass Besseres bereitliegt für bedürftige Schüler. Und das schließt den Geschichts- und den Erdkundeunterricht ein, mit dem Frau Rogers so gerne loslegen würde.

Glückselig sind die geistlich Armen, denn ihrer ist das Reich der Himmel!
Glückselig sind die Barmherzigen, denn sie werden Barmherzigkeit erlangen!
(Matthäus 5,3.7)

Auswendiglernen

Wie wird ein junger Mann seinen Weg unsträflich gehen? Indem er ihn bewahrt nach deinem Wort! Von ganzem Herzen suche ich dich; lass mich nicht abirren von deinen Geboten! Ich bewahre dein Wort in meinem Herzen, damit ich nicht gegen dich sündige.
(Psalm 119,9-11)

Im Lauf der Jahre hatte ich viele Gelegenheiten, mir Stoff in der Schule einzuprägen. Leider vergaß ich vieles von dem, was ich mir eingeprägt hatte, bald wieder, vor allem wenn die Tests vorbei waren. Ich erinnere mich aber immer noch an meinen Part aus dem Theaterstück, das wir in der sechsten Klasse eingeübt haben. Die Zeilen sind in Stein eingemeißelt in irgendeinem Winkel meines Kopfes. Wie kommt das? Warum erinnert man sich an manche Dinge, an andere aber nicht?

Ein Grund dafür, dass ich mich an das Stück so genau erinnere, ist, dass ich gerne mitgemacht und mich riesig darauf gefreut habe, meine Zeilen auf der Bühne vorzutragen. Selbst jetzt noch läuft das Ereignis vor meinem inneren Auge ab. Der Psalmist legt dieselbe Intensität an den Tag, wenn er zu Gott sagt: „Ich suche dich von ganzem Herzen." Seine Worte spiegeln mehr Wunsch als Pflicht wider, was dazu führt, dass er Gottes Wort liebevoll in seinem Herzen bewahrt.

In letzter Zeit hat das Auswendiglernen in der Schule an Bedeutung verloren, vor allem bei progressiven Lehrerinnen und Lehrern. Sie sagen, es begünstigt einen bloßen Verbalismus, d.h. das Lernen von Wörtern, ohne wirklich zu verstehen, was sie bedeuten. Verbalismus ist tatsächlich eine Gefahr, aber Auswendiglernen muss keine leere Übung sein.

Martin Luther befürwortete das Auswendiglernen von Abschnitten aus der Bibel und dem Katechismus als einen Weg, um Schüler in die Lage zu versetzen, im Unterricht an einer Unterhaltung über biblische Wahrheiten teilzunehmen. Für Luther war Auswendiglernen ein Mittel für ein informiertes Gespräch, kein Selbstzweck. Johannes Calvin sagte, die Bibel dem Gedächtnis anzuvertrauen, sei ein Weg, um der Falle des Teufels zu entgehen: „Unser wirklicher Schutz liegt nicht in einer dürftigen Kenntnis oder einer oberflächlichen Durchsicht des göttlichen Gesetzes, sondern darin, dass wir es tief in unserem Herzen bewahren."

Über das Unterrichten

Allen Lehrern wäre es das Liebste, ihre Schüler hätten die Haltung des Psalmisten. Meine Erfahrung als Schüler führt mich zu dem Schluss, dass Schüler das in ihr Gedächtnis aufnehmen, was für sie persönlich bedeutungsvoll ist. Durchtrenne die Verbindung zwischen Bedeutung und Gedächtnis, und das Auswendiglernen wird eine sterile Übung, im besten Fall mit einem kurzlebigen Stellenwert.

Lehrer haben eher Erfolg dabei, Schüler Bibelabschnitte auswendig lernen zu lassen, wenn sie Luthers Beispiel folgen und das Lernen mit Unterrichtsgesprächen verknüpfen, die das Interesse der Schüler wecken. Wenn Schüler Gott und sein Wort mehr und mehr lieben, weil ein Lehrer sich ihnen liebevoll zuwendet, stellen sie fest, dass ihnen das Auswendiglernen ganz leicht fällt. HERR, so soll es sein!

Dass dein Wort in meinem Herzen starke Wurzeln schlägt
und dein Geist in meinem Leben gute Früchte trägt,
deine Kraft durch mich die Welt zu deinem Ziel bewegt,
Herr, du kannst dies Wunder tun.

(Jörg Swoboda und Theo Lehmann, 1987;
Copyright: Oncken Verlag, Wuppertal und Kassel)

Lernstile

Ich danke dir dafür, dass ich erstaunlich und wunderbar gemacht bin;
wunderbar sind deine Werke, und meine Seele erkennt das wohl!
(Psalm 139,14)

Da saß Georg wie immer in der ersten Reihe. Ich war in meinem zweiten Jahr als Geschichtslehrer an der christlichen Schule, und Georg war mir ein Rätsel. Er war gut gelaunt, fleißig, immer da und immer pünktlich. Aber es war klar: Er würde die Unterrichtsziele nicht erreichen. Ich fühlte mich schlecht seinetwegen, weil er nicht die intellektuellen Fähigkeiten zu haben schien, um erfolgreich mitzuarbeiten.

Ich unterrichtete an einem Internat, wo die Schüler sich aktiv am Unterhalt und an der Pflege beteiligten. Schüler mähten den Rasen, putzten die Klassenräume, wuschen ihre Kleidung selbst und backten Brot in der Küche. Georg mochte diese Seite des Schullebens. Wenn ein Rasenmäher oder eine Waschmaschine repariert werden musste, war Georg mit seinem Werkzeugkasten zur Stelle, und bald darauf war das Gerät wieder in Ordnung. Er schien eine Gabe zu haben, zu durchschauen, wie technische Geräte funktionieren, und er besaß echtes Geschick beim Reparieren. Bald war Georg auf dem Schulgelände unentbehrlich, und er arbeitete fröhlich, bis der Job fertig war.

Aber er hatte Schwierigkeiten beim Lesen und Textverstehen. Die Wörter schienen in seinen Kopf hinein- und wieder hinauszuströmen, ohne wenigstens für einen kurzen Besuch Halt zu machen. Erst mehrere Wochen nach Beginn des Schuljahrs ging mir ein Licht auf: Georg war pfiffig, vielleicht sogar brillant, aber nicht so, wie ich es gewohnt war. Er ging so geschickt mit Maschinen um, wie ich es mit Worten versuchte. Ich war ein analytischer Lerner, der sich gern auf Diskussionen über Ideen einließ. Georg lernte mit Alltagsverstand und musste deshalb immer den praktischen Nutzen einer Sache sehen. Er wollte wissen, wie etwas funktionierte und was zu tun war, wenn es nicht mehr funktionierte.

Es gehört zu den schwierigeren Aufgaben von Lehrern, die Lernstile ihrer Schüler zu verstehen. Manche sind intuitiv und reflektiert, andere müssen aktiv in ein Projekt eingebunden sein, um gut zu lernen. Oft dreht sich Ar-

Über das Unterrichten

beit in der Schule um Worte, aber Schüler wie Georg lernen besser, wenn sie etwas tun können, bevor sie nachdenken. Wie lernen deine Schüler?

Sobald ich eine bessere Vorstellung davon hatte, wie Georgs Verstand funktionierte, konnten wir zusammen daran arbeiten, dass er im Unterricht mehr Erfolg hatte. Er wurde nie ein eifriger Leser oder jemand, der Geschichte liebte, aber er war auf andere Art klug, und es war ein Vergnügen, mit ihm zusammen zu sein. In seinem späteren Leben blieb Georg bei seiner ersten Liebe; er ist Träger von Patenten für Industriemaschinen. Er ist im ganzen Land unterwegs, um an seinen Maschinen zu arbeiten, ziemlich genau so wie damals im Internat.

Durch meine Erfahrung mit Georg habe ich gelernt, dass erstaunlich und wunderbar gemacht zu sein auch bedeutet, unterschiedlich gemacht zu sein. Weil sie wissen, dass alle ihre unterschiedlich gemachten Schüler Gottes Bild tragen, sollten christliche Schulen Orte sein, die diese Unterschiede feiern und fördern. Statt alle Schüler in eine einzige Lern-Gießform zu zwängen, können Lehrer die Unterschiede wertschätzen und ihre Schüler dabei unterstützen, ihre verschiedenen Fähigkeiten zu entwickeln, alles zum Lob dessen, der sie so gemacht hat.

> *Herr, was ich bin, bin ich durch dich,*
> *ja, deine Weisheit formte mich.*
> *Ich lobe den, durch den ich bin,*
> *und meine Seele singt für ihn.*
> *Noch ehe ich geboren war,*
> *sah mich dein Auge; wunderbar*
> *hast du mein Leben angefacht,*
> *perfekt, wie du's dir ausgedacht.*

(Aus dem englischen Psalter; Übertragung: WR)

Beteiligung

Ich danke dir dafür, dass ich erstaunlich und wunderbar gemacht bin;
wunderbar sind deine Werke, und meine Seele erkennt das wohl.
(Psalm 139,14)

Ein bekannter Professor erzählt die Geschichte von einem Kurs, den er als Schüler belegt hatte. Wenn der Lehrer den Raum betrat, standen die Schüler auf, berichtet er. Dann hielt der Lehrer einen sechzigminütigen Vortrag, wobei er keine Diskussion oder auch nur Fragen von Schülern zuließ. Am Ende des Vortrags erhoben sich die Schüler wieder, wenn der Lehrer den Raum verließ. Die Schüler machten sich sorgfältig Notizen zu dem, was der Lehrer sagte, aber ohne den Vorteil irgendeines Gesprächs, das geholfen hätte, den Stoff zu verarbeiten.

Christliche Lehrer machen sich vielleicht Gedanken über solch ein Vorgehen. Schüler erweisen dem Lehrer Respekt, indem sie pünktlich erscheinen und aufstehen, wenn er hereinkommt. Der Lehrer erweist dem Thema Respekt, indem er einen Vortrag vorbereitet, der den Stoff erklärt und deutet. Aber wo ist der Respekt des Lehrers für seine Schüler? Was bringen die Schüler zum Lernen mit?

Mein Sohn erinnert sich an einen Lehrer, der seine Schüler ganz anders behandelte. Während einer Stunde über Lyrik gab der Lehrer einmal jedem Schüler eine Kerze und führte sie zu einer Höhle in der Nähe, um Gedichte zu lesen. Dort versammelten sie sich in einem Kreis mit ihren Büchern, um Gedichte ausdrucksvoll vorzutragen. Alle machten mit, erfüllt davon, über die Bedeutung der Gedichte an einem geheimnisvollen Ort nachzudenken. Warum machte der Lehrer das? Vielleicht wusste er etwas, was der erste Lehrer nicht wusste. Er wusste, dass seine Schüler „erstaunlich und wunderbar gemacht" waren, und alles, was sie brauchten, war eine Gelegenheit, es zu zeigen.

Donovan Graham sagt, die Art und Weise, wie etwas unterrichtet wird, ist in sich selbst auch eine Form des Gehalts. Die Methode vermittelt, dass der Lernstoff einen Wert hat, und sagt auch etwas über den Wert der Schüler aus. In der Geschichte, die der Professor erzählte, suggeriert die Vorgehensweise, dass die Ideen, die die Schüler vielleicht haben, keinen Wert besitzen. Ihre Rolle in dem ganzen Ablauf ist es, mitzuschreiben. Der Lehrer,

Über das Unterrichten

der Gedichte in der Höhle vortragen ließ, wusste, dass die Gelegenheit, an einem exotischen Ort etwas vorzutragen, die Kreativität seiner Schüler hervorbringen würde. Die Gedichte sind voller Dramatik, warum also keinen dramatischen Rahmen schaffen, um ihre Bedeutung ans Licht zu bringen? Das Vorgehen ist Gehalt.

Jedes lehrerzentrierte Unterrichten hat den Vorteil, dass der Lehrer die Kontrolle über das hat, was gelehrt wird. Es kann eine sehr effiziente Methode sein, Informationen zu vermitteln. Aber was lernen Schüler dabei? Sie lernen, sich Notizen zu machen und sich den Stoff einzuprägen, damit sie darüber einen Test schreiben können, was üblicherweise zu einer Abkopplung der Welt der Schule von der Welt der Schüler führt.

Es ist eine pädagogische Binsenwahrheit, dass die Beherrschung des Gelernten durch die Schüler in direktem Bezug steht zu ihrer Teilhabe am Lernprozess. Eine Basketballspielerin arbeitet hart an ihrem Rebound, weil sie weiß, dass sie diese Fertigkeit im Spiel beherrschen muss. Wer Geige spielt, arbeitet an seiner Technik, um seine Beherrschung des Instruments weiterzuentwickeln. Übung ist wesentlich für den Erfolg.

Der beste Grund für mehr Beteiligung von Schülern am Lernprozess ist, dass Gott die Schüler in seinem Bild gemacht hat. Sie sind „erstaunlich und wunderbar gemacht" und bereit, sich für die wunderbaren Werke Gottes zu begeistern und ihn dafür zu loben.

Barmherziger Vater, du lehrst uns, dass die Furcht des Herrn der Weisheit Anfang ist. Wir beten für alle, die in Schulen und Hochschulen lernen und lehren. Mögen diejenigen, die unterrichtet werden, in der Gnade und Erkenntnis des Herrn wachsen, deinen Willen suchen und bereit werden, ihre Pflicht zu tun. Und mögen die, die lehren, von deiner Liebe erfüllt sein, damit sie ein gutes Vorbild für die sind, die ihnen anvertraut sind, durch Jesus Christus, unseren Herrn. Amen.

(Aus einem englischen Gebetbuch)

Andacht

Eine Generation verkünde der nächsten den Ruhm deiner Werke und erzähle
von deinem gewaltigen Tun. Die herrliche Pracht deiner Majestät und deine
Wundertaten will ich bedenken. Von der Macht deiner furchtbaren Taten soll
man sprechen, und von deinen Großtaten will ich erzählen.
Die Erinnerung an deine große Güte lasse man sprudeln, und deine
Gerechtigkeit sollen sie jubelnd preisen.
(Psalm 145,4-7; NeÜ)

Auf die mächtigen Taten Gottes wird in diesem Psalm auf vielfache Weise reagiert. Der Schreiber beobachtet, wie über die Generationen hinweg die Geschichten von der herrlichen Pracht von Gottes Majestät durch fröhliches Singen, Feiern und Andacht weitergegeben werden. Andacht? Zusammen mit offenen, sogar überschwänglichen Arten, auf Gott zu reagieren, fügt der Psalmist hinzu: „… will ich bedenken." Andacht.

Für unsere modernen Ohren klingt das vielleicht seltsam. Warum innehalten, allein sein und nachdenken, um auf die großartigen Taten unseres Gottes zu reagieren? Tanzen ist doch angesagt, oder? Ja, aber es ist auch Zeit, innezuhalten, zu beobachten und still zu staunen. Offensichtlich ist das, was Gott getan hat, es wert, uns auf all die Arten aktiv werden zu lassen, die uns zu Menschen machen. Und eine davon ist, still zu sein und zu erkennen, dass Gott Gott ist.

Henri Nouwen beklagt die Tatsache, dass, obwohl wir dauernd mit wichtigen Dingen beschäftigt sind, wir offenbar nicht mehr über die Fähigkeit verfügen, innezuhalten und uns zu fragen, warum wir all das Wichtige tun. Vielleicht ergänzen Beobachten, Nachdenken und Feiern einander. Wir müssen das alles zusammen tun, um uns ihrer Kraft und ihres Nutzens bewusst zu werden.

Eine christliche Schule ist der perfekte Ort, um die mächtigen Taten Gottes zu feiern, während Lehrer und Schüler sie in ihrer Bibel, im naturwissenschaftlichen Unterricht und in Geschichte erforschen. Aber ist Schule auch ein Ort zum Nachdenken über das, was Gott getan hat?

Ich habe von einer Schule gehört, in der Andacht ein regelmäßiger Teil des Schultags geworden ist. Die Schule sollte nicht so sehr ein Hamsterrad sein, das von der Klingel und von Routineabläufen beherrscht wird. Sogar

Über das Unterrichten

Erstklässler werden gebeten, ruhig darüber nachzudenken, was Gott ihnen und ihrer Familie bedeutet. Manche Schüler tun das mit dem Kopf auf dem Tisch, dabei spielt passende Musik im Hintergrund. Nach einigen Minuten sind diese Schüler bereit, über Gottes Taten zu sprechen, die ihr Leben prägen. Einige Zeit nach der Einführung dieser Andachten berichtete die Schule von einem zusätzlichen Nutzen, dass sich nämlich die Leistungen der Schüler verbessert hätten und es weniger unangemessenes Verhalten gebe. Worüber Schüler nachdenken, bewirkt offenbar alles Mögliche.

Das Rezept aus Psalm 145 für das, was Schüler tun können, ist sehr einladend. Zusätzlich zu all den anderen wichtigen Dingen, die in der Schule ablaufen, sollte man Schüler auch darauf vorbereiten, Gottes Taten der nächsten Generation lieb zu machen.

Lass die Worte meines Mundes und das Sinnen meines Herzens wohlgefällig sein vor dir, HERR, mein Fels und mein Erlöser!

(Psalm 19,15)

Schüler bestrafen

Glaubwürdig ist das Wort und aller Annahme wert, dass Christus Jesus in die Welt gekommen ist, um Sünder zu retten, von denen ich der größte bin. Aber darum ist mir Erbarmung widerfahren, damit an mir zuerst Jesus Christus alle Langmut erzeige, zum Vorbild für die, die künftig an ihn glauben würden zum ewigen Leben. Dem König der Ewigkeit aber, dem unvergänglichen, unsichtbaren, allein weisen Gott, sei Ehre und Ruhm von Ewigkeit zu Ewigkeit! Amen.
(1. Timotheus 1,15-17)

Oft reagieren Lehrer so auf Paulus' Behauptung, er sei der größte aller Sünder: „Paulus kann nicht recht haben; der wirklich schlimmste Sünder sitzt nämlich in meiner Klasse." Viele Lehrer hatten unschuldige kleine Davids in ihrer Klasse, die sich in der Pause auf dem Schulhof plötzlich in prügelnde Goliaths verwandelten.

Als ich als Lehrer begann, habe ich mich der folgenden Regel für das *Classroom Management* verpflichtet: „Vor Weihnachten dürfen sie dich nicht lächeln sehen." Der Ausdruck „Management" passt, weil es das war, was ich tat: Schüler managen, als wären sie Produkte auf einem Fließband. „Keine Ausreden!", sagte ich. „Tut einfach, was ich sage!" Jeder Schüler, der meine Autorität in Frage stellte, wurde zu Liegestützen oder ein paar Runden um das Schulgebäude verdonnert. Ich glaubte, richtig gut mit ihrer Sünde umzugehen.

Paulus beschreibt, wie Jesus mit ihm umging, ganz anders. Bevor er sich bekehrte, war Paulus ein Verfolger und Gotteslästerer, der Christen nachstellte und sich in einigen Fällen an ihrer Steinigung beteiligte. Aber Jesus rettete ihn, den Schlimmsten der Sünder, und durch diese Rettung bewies Jesus seine unendliche Geduld, sodass auch andere glauben konnten. Große Sünder brauchen große Geduld.

Geduld gehörte nicht zu meinen Mitteln des *Classroom Management*. Ich zog es vor, auf das Verhalten zu reagieren, das Schüler an den Tag legten, statt die Geduld aufzubringen zu verstehen, warum die Davids meiner Klasse sich wie Goliaths benahmen. Probleme des Herzens zu heilen erfordert Empathie und Geduld; mit äußerem Fehlverhalten umzugehen erfordert bloß eine Liste von Regeln. Das Ergebnis ist aber, dass Schüler wie Gegen-

Über das Unterrichten

stände behandelt werden, die man unter Kontrolle haben muss, statt als Personen, mit denen man mit Geduld umgeht.

Parker Palmer sagt, dass gutes Unterrichten ein Akt der Gastfreundschaft gegenüber den jungen Leuten ist. Eine gute Gastgeberin erfüllt die Bedürfnisse ihrer Gäste: eine Unterkunft, Essen, Ruhe, ein gutes Gespräch. Unsere Schüler sind auch bedürftige Leute: Sie brauchen Annahme und einen sicheren Ort, wo sie als Schüler wachsen können. Als mein Sohn in der Mittelstufe war, fragte ich ihn, was ihm außer Sport an der Schule gefalle. Ohne zu zögern, nannte er einen Lehrer: „Ich mag Herrn Jones, weil er viel von uns verlangt und weil er glaubt, dass wir das schaffen können." Ich glaube, Herr Jones hat meinem Sohn pädagogische Gastfreundschaft erwiesen, indem er an ihn glaubte und ihm schwierige Aufgaben stellte. Er gab meinem Sohn, was er brauchte, was ein echter Segen war.

In unseren Klassen werden immer Sünder sitzen, und die Sünder müssen zur Rechenschaft gezogen werden. Aber wie wir unsere Schüler sehen, sagt viel darüber aus, wie wir sie behandeln. Sind sie Gäste, denen man Gastfreundschaft erweist, oder Objekte, die gemanagt werden müssen? Ein Lehrer, der die Demut aufbringt, von seinen Schülern höher als von sich selbst zu denken, wird ein guter Gastgeber sein. Vielleicht widerfährt ihm sogar die Gnade, zu sehen, dass der schlimmste Sünder auf dem Lehrerstuhl sitzt.

Brüder, wenn auch ein Mensch von einer Übertretung übereilt würde, so helft ihr, die ihr geistlich seid, einem solchen im Geist der Sanftmut wieder zurecht; und gib dabei Acht auf dich selbst, dass du nicht auch versucht wirst! Einer trage des anderen Lasten, und so sollt ihr das Gesetz des Christus erfüllen!

(Galater 6,1-2)

Vergebung

Und vergib uns unsere Sünden! Auch wir vergeben jedem,
der an uns schuldig geworden ist!
(Lukas 11,4a; NeÜ)

Kann man sagen: „Tut mir leid!", ohne es zu meinen? Wie steht es mit: „Ich vergebe dir"? Ich erinnere mich daran, wie ich in der sechsten Klasse einen Kampf provoziert habe und für meine verletzenden Bemerkungen einen Tritt ans Schienbein bekam. Den Grund für die Auseinandersetzung habe ich längst vergessen, aber ich erinnere mich immer noch, dass der Lehrer darauf bestand, dass der Mitschüler, der mich getreten hatte, sich entschuldigte und dass ich ihm vergab. Wir gehorchten dem Lehrer, aber ich glaube, keiner von uns beiden meinte es ernst.

Vielleicht sollten christliche Schulen einen Kurs über Reue und Vergebung einrichten. Als ich vor einigen Jahren eine Anzahl christlicher Schulen evaluierte, fand ich heraus, dass viele Schüler gestörte Beziehungen unter Schülern als eines der Hauptprobleme ihrer Schule ansahen. Schüler können grausam miteinander umgehen, was zu Bitterkeit und zerstörten Beziehungen führt, und es fällt schwer, zu vergeben, wenn man sich viel besser dabei fühlt, mit dem anderen abzurechnen.

Eine gute Stelle, bei der man mit Schülern beginnen kann, ist die fünfte Bitte des Vaterunsers. Da bitten wir Gott, unsere Sünden zu vergeben, so wie wir denen vergeben haben, die an uns schuldig geworden sind. Es stimmt, dass Gott uns nicht auf der Grundlage vergibt, dass wir anderen vergeben, aber, wie Johannes Calvin betont, wir können unserer eigenen Vergebung gewiss sein, wenn wir Groll und Rachegefühle gegen andere aus unserem Herzen verbannen.

Solch ein vergebungsbereites Herz zu haben, ist nicht leicht. Wir wollen unser eigenes Verhalten entschuldigen, auch wenn wir uns über die Vergehen anderer aufregen. Wie C. S. Lewis sagt: „In unserem eigenen Fall akzeptieren wir Entschuldigungen allzu bereitwillig, bei anderen Menschen nicht bereitwillig genug."

Lehrer können helfen, indem sie Schüler darauf hinweisen, dass Jesus bei seinem Tod am Kreuz auf sich genommen hat, was wir verdienen, und uns gegeben hat, was wir nicht verdienen. Jesus hat das in uns vergeben, wofür

Über das Unterrichten

es keine Entschuldigung gibt. Er hat unsere Sünde nicht übersehen, sondern dafür bezahlt und sie uns vergeben.

Damit jüngere Schüler Vergebung verstehen können, haben einige Lehrer gelegentlich die Strafe auf sich genommen, die ihre Schüler verdienten. In Frau Schmidts Vorschulgruppe dürfen ungehorsame Schüler in der Pause nicht draußen spielen. Stattdessen müssen sie auf der „Auszeit"-Bank sitzen, während ihre Mitschüler spielen. David, einer von Frau Schmidts Schülern, provozierte oft andere Kinder und saß häufig auf der Bank. Eines Tages sagte Frau Schmidt zu David: „David, du hast wieder gegen die Regeln verstoßen, und du hast Strafe verdient. Aber ich hab dich lieb, David, und heute übernehme ich deine Strafe. Du darfst spielen, und ich sitze an deiner Stelle auf der Auszeit-Bank." Frau Schmidt war sich sicher, David musste eine wichtige Lektion lernen, die eine Strafe nicht rüberbringen konnte. Sie übernahm seine Strafe, damit David etwas über Opfer und Vergebung lernen konnte. Obwohl David mit seinem schlechten Benehmen nicht aufhörte, bewirkte Frau Schmidts Lektion in Vergebung allmählich eine Veränderung bei ihm.

Das trifft auch zu, wenn ein Schüler einem anderen Unrecht tut. Um zu vergeben, muss der Schüler, dem Unrecht getan wurde, aufhören, abrechnen zu wollen. Vergebung hat weniger mit Gerechtigkeit als mit Gnade zu tun. Wenn ein Schüler vergibt, sagt er: „Obwohl das, was du getan hast, unentschuldbar ist, behalte ich es nicht mehr in meinem Herzen, um es dir vorzuwerfen." Nur jemand, dem vergeben worden ist, kann so vergeben.

Wie ein Fest nach langer Trauer, wie ein Feuer in der Nacht,
ein offnes Tor in einer Mauer, für die Sonne aufgemacht,
wie ein Brief nach langem Schweigen, wie ein unverhoffter Gruß,
wie ein Blatt an toten Zweigen, ein „Ich-mag-dich-trotzdem"-Kuss:
So ist Versöhnung. So muss der wahre Frieden sein.
So ist Versöhnung. So ist Vergeben und Verzeihn.

(Jürgen Werth, 1988; Copyright: Hänssler Verlag, Holzgerlingen)

Schlangen und Tauben

Seht, ich sende euch wie Schafe mitten unter Wölfe. Seid deshalb klug wie die Schlangen und aufrichtig wie die Tauben.
(Matthäus 10,16; NeÜ)

Als Jesus seine Jünger aussendet, bezieht er sich auf Tiere, um zu beschreiben, was ihnen bevorsteht. Sie werden so verletzlich sein wie Schafe unter Wölfen. Damit sie sich auf diese Gefahr vorbereiten, fordert Jesus sie auf, klug wie Schlangen und aufrichtig wie Tauben zu sein. Vielleicht braucht eine christliche Schule einen neuen Kurs in ihrem Lehrplan: Schlangen- und Taubenkunde für Fortgeschrittene.

In Bezug auf ihre wesentlichen Merkmale sind Schlangen und Tauben sehr unterschiedlich. Wenn wir sagen, jemand habe eine „giftige" Persönlichkeit, beziehen wir uns auf die große Gefahr, die Schlangen, zumindest einige von ihnen, darstellen. Wir denken auch an die Eigenschaften „gerissen" und „hinterlistig". Andererseits benutzt Hosea das Bild der Taube, um sich auf diesen Charakter von Ephraim zu beziehen: „leicht zu täuschen und unvernünftig". Einzeln haben die beiden Geschöpfe wenig Empfehlenswertes, aber zusammen sind sie in der Lage, Wölfen zu begegnen. A. T. Robertson sagt, so ausgestattete Christen verbinden Vorsicht und Aufrichtigkeit und vermeiden dadurch die Leichtgläubigkeit von Tauben und die Gaunerei von Schlangen.

Heute können wir sagen, Christen sollten lebensklug sein, aber keinen Groll hegen, wenn ihnen Unrecht getan wird. Sie sollten unter Druck mutig sein und doch den Anstand haben, auf Druck nicht mit Bosheit oder Ärger zu reagieren. Zweifellos wünschen sich alle christlichen Schulen diese Eigenschaften für ihre Schüler.

Unsere materialistische, verbraucherorientierte Gesellschaft unternimmt wenig, um Menschen mit den auf andere gerichteten Eigenschaften Mut und Anstand auszurüsten. Verbraucher sind ichbezogen. Sie sind gerissen, wollen immer bekommen und sind mit ihrem eigenen Glück beschäftigt. Christliche Schulen können unserer Verbraucherkultur nacheifern, indem sie das Bekommen betonen: Aufmerksamkeit bekommen (im heimlichen Lehrplan), gute Noten bekommen (in den Fächern). Wenn unsere Schüler nur passive Konsumenten all der Ressourcen und Leistungen sind, die die

Schule bereitstellt, folgen sie bloß den Zielen und Wertvorstellungen der umgebenden Kultur.

Andererseits kann und sollte es in unseren Schulen auch um das Geben gehen. Wenn unsere Schüler Gelegenheiten erhalten, sich dienend auf andere auszurichten, dann nähern wir uns dem Modell, das Jesus für seine Jünger beschreibt. Schüler, die etwas von sich für andere geben, indem sie zum Beispiel im Chor singen, an einem diakonischen Projekt teilnehmen, jüngeren Schülern Nachhilfe erteilen oder sich im Sport einbringen, können viele bewundernswerte Lektionen lernen. Wenn der Chor Lieder für den HERRN singt, werden die Zuhörer ermutigt, und die Sänger lernen, wie wertvoll es ist, ein Segen für andere zu sein. Wenn Schüler einen Becher kalten Wassers im Namen Jesu anbieten, lernen sie, anderen in ihrer Not und ihrer Bedürftigkeit zu begegnen und manchmal auch mit ihnen zu weinen. Auch Sport kann eine Haltung der Zuwendung zu anderen fördern, wenn Sportler lernen, ihren eigenen Ruhm dem Wohl des Teams unterzuordnen. Spiele, in denen es gleichzeitig fair und leidenschaftlich zugeht, bringen Schülern bei, mit Anstand zu gewinnen und in Würde zu verlieren.

Solche Schüler lernen, klug wie die Schlangen und aufrichtig wie die Tauben zu sein, bereit, der Welt entgegenzutreten. Mögen unsere Schulen viele solcher Menschen hervorbringen.

Nimm mein Leben, Jesu, dir übergeb ich's für und für. Nimm Besitz von meiner Zeit; jede Stund sei dir geweiht. Nimm du meine Hände an, zeig mir, wie ich dienen kann; nimm die Füße, mach sie flink, dir zu folgen auf den Wink. Nimm die Stimme, lehre mich reden, singen nur für dich; nimm, o Herr, die Lippen mein, lege deine Worte drein.

(Englischer Originaltext von Frances R. Havergal,
deutsch von Dora Rappard)

Notizen

Notizen

Notizen